普通高等教育"十三五"规划教材

SWH-CDIO-E 工程教育模式导论

主编 方 荣 万 军
主审 徐金寿

中国水利水电出版社
www.waterpub.com.cn
·北京·

内 容 提 要

本书主要介绍浙江水利水电学院创新提出的 SWH-CDIO-E 工程教育模式,包括模式的顶层设计、具体实施、条件保障、实施成效;并以本科"电气工程及其自动化"专业为案例,具体介绍了该模式的专业实施方案。

本书可供实施 SWH-CDIO-E 工程教育模式的专业教师及学生更深入地理解专业人才培养的顶层设计思路,作为各专业开设"专业导论""大学生核心能力提升"课程、进行专业教育和师生自学的配套教材,也可为其他本科和高职(专科)院校的教学及管理人员开展专业建设和教学改革提供参考资料。

图书在版编目(CIP)数据

SWH-CDIO-E工程教育模式导论 / 方荣,万军主编
. — 北京:中国水利水电出版社,2018.7
普通高等教育"十三五"规划教材
ISBN 978-7-5170-6692-7

Ⅰ. ①S… Ⅱ. ①方… ②万… Ⅲ. ①高等教育-工科(教育)-教育模式-研究 Ⅳ. ①G642.0

中国版本图书馆CIP数据核字(2018)第175805号

书 名	普通高等教育"十三五"规划教材 **SWH-CDIO-E 工程教育模式导论** SWH-CDIO-E GONGCHENG JIAOYU MOSHI DAOLUN
作 者	主编 方 荣 万 军 主审 徐金寿
出版发行	中国水利水电出版社 (北京市海淀区玉渊潭南路1号D座 100038) 网址:www.waterpub.com.cn E-mail:sales@waterpub.com.cn 电话:(010)68367658(营销中心)
经 售	北京科水图书销售中心(零售) 电话:(010)88383994、63202643、68545874 全国各地新华书店和相关出版物销售网点
排 版	中国水利水电出版社微机排版中心
印 刷	天津嘉恒印务有限公司
规 格	184mm×260mm 16开本 8.5印张 139千字
版 次	2018年7月第1版 2018年7月第1次印刷
印 数	0001—3000册
定 价	**20.00元**

凡购买我社图书,如有缺页、倒页、脱页的,本社营销中心负责调换

版权所有·侵权必究

序

　　人才培养是高校的主要职能，也是办学的根本任务。建立一套合适的人才培养模式，是解决"培养什么样的人、怎样培养人"的问题。

　　浙江水利水电学院是一所以水利水电为特色、以工学门类为主体的应用型本科院校，致力于培养形成面向基层生产、管理、服务的"一线工程师"，即就业"上手快"、从业"后劲足"的高素质应用型人才。

　　应用型人才培养首先必须关注就业竞争力的问题，因为竞争力强的毕业生技能过硬，就业"上手快"，自然受到用人单位的欢迎，专业一次就业率就高；但毕业生还应具有可持续发展的潜能，使得从业"后劲足"。因为从长远看，用人单位必然会意识到从业者适应岗位变化能力的强弱，所做的反馈会影响到对毕业生的评价，最终影响学校的人才培养声誉。因此，可持续发展的潜能更应该受到应用型人才培养的重视。

　　基于这样的人才培养视角，学校创新提出了"应用型人才软硬技能并重培养"的教学理念。"硬技能"主要指工程知识和专业能力，即满足岗位要求的实践动手能力，硬技能的高低决定一个人能否完成某项任务的本领，是上手快慢的标志性能力；"软技能"是非技术能力，属可迁移伴随人终身的能力，软技能的高低决定了一个人可持续发展潜能的强弱。只有将软技能与硬技能融合培养，才能使学生"软硬兼备"，既学会做事，又懂得做人，实现学校提出的就业"上手快"、从业"后劲足"的高素质应用型人才培养目标。

　　为实现人才培养目标，学校自 2010 年开始就积极探索人才培养模式，引进国际先进的 CDIO 工程教育模式并本土化，通过不断地"研究—实践—评价—反馈—改进"，将学校"水文化"蕴含的育人元素与 CDIO 教育理念、OBE 理论对接，历经了 CDIO→SWH-CDIO→SWH-CDIO-E 的过程，形成了具有本校特色的SWH-CDIO-E人才培养模式，确立了"一个愿景、一个能力大纲、九条标准"的核心内容。在人才培养过程中，将"水利精神、水的品质"为核心的软技能与CDIO培养目标相结合，以结果为导向且持续改进，搭建了"四大能力"平台，构建了"三个体系"，实现了"软硬技能的融合培养"。

该模式的主要创新点如下：

1. 提出了应用型人才"软硬技能并重培养"的教学理念。在人才培养中须同步关注"硬技能"和"软技能"，使培养的学生"软硬兼备"，既学会做事，又懂得做人，提升毕业生的就业竞争力和可持续发展能力，培养就业"上手快"、从业"后劲足"的高素质应用型人才。

2. 将学校"水文化"蕴含的育人元素与国际先进的CDIO教育理念、OBE理论对接，将"水利精神、水的品质"为核心的软技能与CDIO培养目标相结合，以结果为导向且持续改进，创建了本土化的SWH-CDIO-E人才培养模式。

3. 秉持"理实融合、实践育人"的人才培养理念，以能力培养为主线，全程式实践为途径，进行软硬技能并重一体化顶层设计，搭建了"四大能力"平台，构建了"三个体系"，实现了"软硬技能的融合培养"。

4. 提出了"软技能"培养进课程大纲的教学要求，设置软硬技能双重培养教学目标。主推了"项目制""翻转课堂"等课程教学模式、"知识＋技能＋态度"(KSA)三位一体考核法，增强了第一课堂的育人功能。

实践中采取"试点带动、逐渐铺开"的方法，先后在12个本科专业、6个专科专业进行改革试点，受益学生已近5000人，实施成效引起了《中国教育报》《浙江教育报》《浙江日报》、人民网、中国教育在线、网络媒体"浙江高校行"以及校报校园网等媒体关注，并刊发报道100余篇。成果得到了教育部与国内教育专家的好评，并在新西兰尼尔森马尔伯勒理工学院、加拿大亚岗昆学院进行交流，引起了外方同行的浓厚兴趣；成果还得到了美国州长州立大学、台湾圣约翰科技大学等十几所国内外来访高校同行的赞赏。

模式的实施过程，历经磨炼与印证。中共中央办公厅、国务院办公厅印发的《关于深化教育体制机制改革的意见》明确提出，要着力培养学生终身发展、适应时代要求的关键能力，建立以学生发展为本的新型教学关系，新工科建设的"国际理念""国际标准",工程教育认证的"软技能"标准,大学生创新创业核心能力的培养要求,"课程思政"的教学要求等。SWH－CDIO－E人才培养模式的实施与上述要求高度契合,无疑给人以先行之感。

相对于传统的高等教育,应用型本科教育还是一块亟待开垦的处女地,特别是应用型人才培养模式的理论与实践研究,还滞后于人才培养的要求。因此,对这类人才培养的创新和探索,仍然是一个常讲常新的话题,需要我们不断地进行实践的探寻与理论的梳理。

前面的路还很长,但是,近10年SWH－CDIO－E模式的探索与实践,已成为师生的共识。如果说,路,已经找到了,还怕路远吗?!

2018年5月于杭州

前言

人才培养模式，是对"培养什么样的人、怎样培养人"这个根本问题的注解和回答，是实施人才培养全过程的纲要和指南，是人才培养的核心。随着教育体制机制改革的深入以及社会教育需求的多样化发展，自20世纪80年代以来，人才培养模式问题逐渐成为中国高等教育的重要议题。但时至今日，人才培养模式的改革与创新依然是高等教育发展的薄弱环节。

工程教育是我国高等教育的重要组成部分，在高等教育体系中"三分天下有其一"。自2013年中国工程教育总规模雄居世界第一至今，工程教育在国家工业化进程中发挥了不可替代的作用，对实现中华民族伟大复兴的中国梦也将发挥举足轻重的作用。毋庸置疑，我国是工程教育的大国，但不是工程教育的强国。甚至长期以来，一直因培养的毕业生知行不一、创新不足等，而饱受诟病。工程类专业因其特有的工程性和实践性要求，按照其客观的人才培养规律，实施专门的工程教育模式，逐渐成为工程教育界的共识。

人才培养模式是有层次的。最高层次是主导整个高等教育系统的模式，如素质教育模式、通才教育模式、专才教育模式等；第二层次的人才培养模式是各高校所倡导、践行的培养模式；第三层次则是某专业独特的培养模式。本书所探讨的SWH-CDIO-E工程教育模式，主要集中于第二层次，即浙江水利水电学院在工科类专业倡导推行的培养模式，侧重于观念、制度层面；同时也关注第三层次，以电气工程及其自动化专业的人才培养模式为例，侧重于具体专业在学校顶层设计下的操作和实施层面。

对应第二、第三层次来看，"人才培养模式"是指在一定的现代教育理论、教育思想指导下，按照特定的培养目标和人才规格，以相对稳定的教学内容和课程体系、管理制度和评估方式，实施人才培养的总过程，由培养目标、培养制度、培养过程、培养评价四个方面组成。

浙江水利水电学院是一所以水利水电为特色、以工学门类为主体的新建本科院校,自2010年开始探索CDIO国际工程教育模式的本土化,积极从学校的特色文化出发,借鉴吸收OBE、工程教育认证等先进的教育思想和教育理念,通过不断的研究—实践—反思—完善,形成了SWH-CDIO-E工程教育模式的顶层设计和软硬技能并重的高素质应用型人才培养目标,先后在12个本科专业、6个专科专业进行了坚持不懈的人才培养改革与实践。

学校推进实施SWH-CDIO-E工程教育模式8年多,取得了显著的人才培养成效,在校内基本形成了"领导重视,干部支持,教师认同,学生认知,员工理解"的格局,在校外产生了广泛的示范辐射作用。SWH-CDIO-E工程教育模式的改革实施,带领学校工程教育改革跨上了新台阶,获得国家级教学成果二等奖1项,省级教学成果一等奖3项、二等奖2项,树立了学校特色培育的教学点,作为新建本科院校有了明确的发声。

为了给SWH-CDIO-E工程教育的利益相关者提供一个整体认知的背景环境,同时也是学校实施SWH-CDIO-E工程教育模式的历史回顾和成果总结,本书从模式提出的背景,到模式的内涵及顶层设计框架,实施的关键路径,以及需要的条件保障逐一进行了介绍。同时,配套提供了一个专业和两门课程的详尽案例。

全书由6章及3个附录组成。其中,引言主要介绍了SWH-CDIO-E工程教育模式提出的背景。分析了高等工程教育面临的新形势、应用型人才的本质特征和能力形成机理,以浙江水利水电学院为例,分析了学校将"水文化"传承与教书育人融合的基本职能,提出要创建一种新的工程教育模式,实现特色人才培养目标。

第2章,主要从顶层设计的角度介绍SWH-CDIO-E工程教育模式,包括模式产生的源头、内涵及"一个愿景、一个能力大纲、九条标准"的核心内容,呈现了SWH-CDIO-E工程教育模式的一般实现路径。

第3章,主要从教学的整体设计及课堂教学实现,对模式实施的关键路径进行重点介绍,以帮助教师和学生更好地理解和执行实施过程。包括:搭建"四大能力"平台,构建"三个体系"和改革课堂教学。

第4章,主要从软件、硬件两方面探讨分析SWH-CDIO-E工程教育模式的实施保障。包括:完善教学管理制度,提升教师教学能力,开放的一体化实践场所,典型的共享型教学资源平台。

第5章，主要从改革背景、专业定位、总体框架、课程体系、运行条件、具体实施等方面，介绍了电气工程及其自动化专业"一主、两合、四能、五化"的 SWH-CDIO-E 人才培养模式构建及其具体实现。

第6章，对学校 SWH-CDIO-E 工程教育模式的发展历史及实施成效做了总结与回顾。

为了方便读者掌握中心思想，每章设置导读和本章小结。

本书第1~4章、第6章及附录Ⅰ由方荣编写，第5章及附录Ⅱ、附录Ⅲ由万军编写，全书由方荣统稿。

本书的成功付梓，离不开浙江水利水电学院党委书记符宁平教授对实施该模式的一贯支持，离不开浙江水利水电学院副校长徐金寿教授的持续设计推进、悉心指导和勉励支持。徐金寿教授亲自审阅书稿并作序，在此表示衷心的感谢。

本书在编写过程中，得到了教务处王建军处长、王维汉副处长、胡群革副处长、刘中晓老师和招生就业指导处许栋处长的帮助和支持，电气学院的赵玉铃老师为本书提供了两个课程案例，教务处历任负责人积极推进，宣传部和水文化研究所大力支持，在此一并表示感谢。

SWH-CDIO-E 工程教育模式是浙江水利水电学院多年来教学改革实践的成果，是广大师生、学校领导、各二级学院（部、中心）、各职能部门以及职业核心能力教研室共同努力的结果。作者有幸全面参与了该模式的设计和推进工作，积累了不少经验和心得体会，希望尽可能客观、全面、深入地对 SWH-CDIO-E 工程教育模式做出解读和呈现。但因作者能力和水平所限，难免有理解不精和表达不当之处，希望广大读者谅解，并敬请随时提出宝贵的意见和建议。

编者

2018年5月

目 录

序
前言

第 1 章 引言 ········· 1
  1.1 工程类专业人才培养的新要求 ········· 1
    1.1.1 工程教育专业认证 ········· 1
    1.1.2 新工科研究与实践 ········· 3
    1.1.3 知识经济新时代 ········· 5
  1.2 应用型人才培养规律 ········· 7
    1.2.1 应用型人才的本质特征 ········· 8
    1.2.2 应用型人才能力形成机理 ········· 8
    1.2.3 应用型人才能力培养路径 ········· 9
  1.3 高校文化传承和特色人才培养目标 ········· 12
    1.3.1 文化传承是高校职能 ········· 12
    1.3.2 大学文化的育人功能 ········· 13
    1.3.3 水文化孕育特色人才培养目标 ········· 13
  本章小结 ········· 15

第 2 章 SWH－CDIO－E 工程教育模式顶层设计 ········· 16
  2.1 SWH－CDIO－E 工程教育模式内涵 ········· 17
    2.1.1 CDIO ········· 17
    2.1.2 SWH ········· 17
    2.1.3 E ········· 18

  2.1.4 SWH-CDIO-E 工程教育模式 …… 18
 2.2 SWH-CDIO-E 工程教育模式核心内容 …… 19
  2.2.1 SWH-CDIO-E 愿景 …… 19
  2.2.2 SWH-CDIO-E 能力大纲 …… 19
  2.2.3 SWH-CDIO-E 标准 …… 21
 本章小结 …… 25

第3章 SWH-CDIO-E 工程教育模式实施 …… 26
 3.1 搭建"四大能力"平台 …… 26
  3.1.1 职业核心能力（软技能）平台 …… 26
  3.1.2 工程基础能力平台 …… 27
  3.1.3 专业基本能力平台 …… 28
  3.1.4 专业综合能力平台 …… 29
 3.2 构建"三个体系" …… 30
  3.2.1 能力取向的知识教育体系 …… 30
  3.2.2 实践导向的全程能力训练与测评体系 …… 34
  3.2.3 素质取向的软技能养成教育体系 …… 38
 3.3 改革课堂教学模式 …… 40
  3.3.1 项目制教学模式（project based learning，PBL） …… 41
  3.3.2 翻转课堂与混合式教学模式 …… 42
  3.3.3 "知识+技能+态度"（KSA）三位一体考核 …… 44
 本章小结 …… 45

第4章 SWH-CDIO-E 工程教育模式保障 …… 46
 4.1 制度建设与教学文化 …… 46
  4.1.1 教学管理制度 …… 46
  4.1.2 教学文化 …… 48
 4.2 教师教育教学能力提高 …… 49
  4.2.1 教师个人能力 …… 50
  4.2.2 教学团队建设 …… 51
 4.3 开放的一体化实践场所 …… 52
  4.3.1 一体化实践场所的建设内容与要求 …… 52

  4.3.2 一体化实践场所的运行服务要求 ································· 54
 4.4 共享型教学资源平台建设 ··· 55
  4.4.1 共享型教学资源平台的意义 ····································· 56
  4.4.2 共享型教学资源平台的总体要求 ······························· 56
 本章小结 ··· 57

第5章 电气工程及其自动化专业人才培养模式示例 ············ 58
 5.1 改革背景 ·· 58
  5.1.1 行业背景 ··· 58
  5.1.2 地域背景 ··· 58
  5.1.3 人才培养方案制定依据 ·· 60
 5.2 专业定位 ·· 60
  5.2.1 以强电为主要方向 ·· 60
  5.2.2 强弱电结合 ·· 61
 5.3 总体框架 ·· 62
  5.3.1 指导思想 ··· 62
  5.3.2 人才培养模式 ··· 63
 5.4 课程体系 ·· 64
  5.4.1 课程体系结构 ··· 64
  5.4.2 课程模块与能力的关系 ·· 67
  5.4.3 实践教学体系 ··· 67
 5.5 具体实施 ·· 71
  5.5.1 两变 ··· 71
  5.5.2 五化 ··· 72
  5.5.3 全程能力培养的落实与能力测评 ······························· 78
 5.6 运行条件 ·· 86
  5.6.1 师资队伍条件 ··· 86
  5.6.2 实验实训条件 ··· 87
  5.6.3 学校支持与保障 ·· 88
  5.6.4 学院制度规范 ··· 89
 本章小结 ··· 90

第6章 SWH-CDIO-E 工程教育模式实施成效 91
6.1 人才培养成效 91
6.2 实施辐射与影响力 95
本章小结 99

附录Ⅰ 项目制课程教学大纲模板 100
附录Ⅱ 课程案例：电子技术 102
附录Ⅲ 课程案例：电机学 111
参考文献 119

第 1 章 引 言

"大业欲成,人才为重。"教育强,则国家强。高等院校以培养人才为第一使命,工程教育承担着培养未来工程师的重要责任。特别是工科院校,是培育未来工程师的大摇篮,在实现中华民族伟大复兴(中国梦)过程中的地位和作用不可忽视。也正因为肩负伟大的历史使命,工程教育必须正确审视工程教育专业发展的新局面,积极探索未来工程师成长的新路径,正确实施适应工程类专业人才培养新要求的教育模式,这样才能培养出党和国家迫切需要的卓越人才。本章主要介绍 SWH-CDIO-E 工程教育模式提出的背景。

1.1 工程类专业人才培养的新要求

1.1.1 工程教育专业认证

(1) 工程教育专业认证是国际通行的工程教育质量保证制度。

工程教育专业认证是国际通行的工程教育质量保证制度,也是实现工程教育国际互认和工程师资格国际互认的重要基础。工程教育专业认证的核心,就是要确认工科专业毕业生达到行业认可的既定质量标准要求,是一种以培养目标和毕业出口要求为导向的合格性评价。工程教育专业认证要求专业课程体系设置、师资队伍配备、办学条件配置等都围绕学生毕业能力达成这一核心任务展开,并强调建立专业持续改进机制和文化以保证专业教育质量和专业教育活力。

我国 2011 年提出《教育部关于普通高等学校本科教学评估工作的意见》,从政策上构建了新时期"五位一体"高校本科教学评估制度。工程教育专业认证是其中的重要组成部分,由教育部主管,具体组织实施工作由中国工程教育专业认证协会主要负责,由各主要工程领域全国性的行业协会和专业学会,会同该领域的教育工作者和相关行业、企业专家一起进行。

(2) 加入《华盛顿协议》实现工程教育本科学位国际互认。

为适应经济全球化发展的需要，20 世纪 80 年代美国等国家发起并开始构筑工程教育与工程师国际互认体系。目前，全球关于工程教育学历学位或者从业资格的国际互认协议主要有三个：《华盛顿协议》《悉尼协议》《都柏林协议》。其中，《华盛顿协议》由美国、英国、加拿大、澳大利亚、新西兰、爱尔兰六国的专业认证组织在 1989 年发起成立，在三大国际教育协议中签署时间最早，成员国最多并遍及五大洲，已经发展成为最有国际影响力的教育互认协议。该协议主要针对成员国工程教育专业本科（一般为四年）学位互认，约定成员国之间互相认可经过认证的工程教育专业学位，并建议毕业于任一签约成员国已认证专业的人员均应被其他签约国（地区）视为已获得相应专业从事初级工程工作的学术资格。

2016 年 6 月，我国正式加入《华盛顿协议》，成为《华盛顿协议》第 18 个正式成员，这标志着我国工程教育迈向国际化时代，极大地提高了我国工程教育的国际影响力。这也意味着，通过中国工程教育专业认证协会认证的工程专业，毕业生学位将得到《华盛顿协议》中其他组织的认可。

(3) 我国工程教育专业认证的推进。

工程教育专业认证，对于构建工程教育的质量监控体系、促进工程教育与工业界的联系、促进中国工程教育的国际互认、提升中国工程教育国际竞争力，都是非常重要的支撑保障和实现途径。我国的工程教育认证最早始于 1992 年原建设部组织的建筑学、土木工程专业评估，迄今已走过 20 多年的发展历程。可以预见：推进工程教育专业认证，必将成为工程教育改革的国家战略。

接受"国际实质等效"的认证，以"学生学习产出"为导向，并让用户（产业界）参与评价专业教育的合格性和有效性，明确了我国新时期工程教育专业改革与发展的新理念、新目标和新路径，对各本科高校而言既是机遇又是挑战。各大高校纷纷抓住机遇迎难而上，申请认证的专业数在近两年急剧增长：2014 年大连理工大学电气工程及其自动化等 105 个专业通过认证；2015 年清华大学机械工程等 125 个专业通过认证；2016 年大连理工大学过程装备与控制工程等 205 个专业通过认证；2017 年共有 188 所高校 709 个专业提交认证申请，经认证协会审核同意受理天津大学机械设计制造及其自动化等 375 个专业的认证申请；2018 年协会决定受理的认证申请专业 547 个。据统计，截至 2016 年，我国本科工科专业布点数 18117 个，按照通过认证的本科工程专业数不超过 30％测算，可以通过专业认证的专业数为 5435 个。可以预期，未来 8～10 年将会有更广泛的高校结合自身特点申请参加专业认证。

我国工程教育专业认证标准由通用标准和专业补充标准组成，在中国工程教育专业认证协会官网（http://www.ceeaa.org.cn）上进行实时更新。其中，通用标准在学生、培养目标、毕业要求、持续改进、课程体系、师资队伍和支持条件 7 个方面与国际标准紧密对接。专业补充标准主要是在课程体系、师资队伍、专业条件三方面提出与专业领域相关的特殊要求。其核心理念有三："以学生为中心"的教育思想；"成果导向"的教育取向；"持续改进"的质量文化。

具体而言，专业认证主要就是对专业的学生培养目标、质量、师资队伍、课程设置、实验设备、教学管理、各种教学文件及原始资料等方面的"过程性评价"，评价专业教育的过程是否体现三个核心理念的实现。所谓"以学生为中心"，就是培养目标要围绕学生的培养——公开、清楚、定位合理，培养内容根据对学生的期望而设计——充分、必要、适应发展，以是否有利于学生达成预期目标为原则来判断师资与支持条件。所谓"成果导向"，被认证专业必须通过举证证明每个合格毕业生能够达到培养规格的要求；培养目标与毕业要求必须对日常教学活动起导向作用，并有利于每个承担教学任务的人明确责任；对毕业要求与培养目标达成度的评价，必须分解为对学生整个学习过程中的全程跟踪与进程式评估。所谓"持续改进"，首先是建立持续改进教学管理制度，开展常态性的评估与评价，对每一个常规教学活动进行评估，并建立有效的质量监控与反馈机制；让每名教师在持续改进中均承担责任；持续改进的效果通过学生表现来体现。

1.1.2　新工科研究与实践

（1）新工科的内涵。

当前，国家推动创新驱动发展，实施"一带一路""中国制造 2025""互联网＋"等重大战略，以新技术、新业态、新模式、新产业为代表的新经济蓬勃发展，对工程科技人才提出了更高要求，迫切需要加快工程教育改革创新。作为"卓越计划"的升级版，教育部启动开展的新工科研究和实践，正是以新经济、新产业为背景，引导树立创新型、综合化、全周期工程教育

"新理念"，构建新兴工科和传统工科相结合的学科专业"新结构"，探索实施工程教育人才培养的"新模式"，打造具有国际竞争力的工程教育"新质量"，建立完善中国特色工程教育的"新体系"。其内涵是以立德树人为引领，以应对变化、塑造未来为建设理念，以继承与创新、交叉与融合、协调与共享为主要途径，培养未来多元化、创新型卓越工程人才。

（2）新工科对专业人才的要求。

工程人才培养质量要求面向未来、应对变化。那未来的工程师应该具备哪些品质呢？美国工程院发布的《2020的工程师：新世纪工程的愿景》报告中提出：优秀的分析能力、实践能力、创造力、沟通能力、商业和管理知识、领导力、道德水准和专业素养、终身学习等是未来的工程师应该具备的素质。2016年世纪经济论坛报告特别强调了包括社会技能、系统技能、解决复杂问题的技能、资源管理技能、技术技能在内的交叉复合技能。根据教育部对高校分类发展的部署，新工科的试点和研究工作分三类：工科优势高校组、综合性高校组、地方高校组。同时也提出，不同类型的工程人才培养都要追求卓越，提升学生的工程意识、实践能力、创新精神和工匠精神。

基于国际标准和我国重大战略需求和发展实际，中国工程院院士、天津大学校长钟登华[1]提出，未来的工程人才培养标准应该强调以下核心素养：家国情怀、创新创业、跨学科交叉融合、批判性思维、全球视野、自主终身学习、沟通与协商、工程领导力、环境和可持续发展、数字素养。林健[2]教授提出：新工科专业应该沿用类似"卓越计划"提出的三级标准构成的质量标准体系，由国家标准、产业标准和学校标准构成，并在知识、能力和素质上进行补充或拓展：

学科知识方面：多学科交叉复合知识、新工科领域前沿知识。

专业能力方面：复杂工程问题解决能力、非结构化解决问题的能力。

非专业能力方面：创新创业能力、多学科团队的协作能力、研究和创造能力、数字化能力、工程领导力、动态适应能力、全球胜任力。

综合素质方面：工程伦理、社会意识、家国情怀、全球视野、批判性思维、跨学科和系统思维。

（3）新工科的实现路径。

基于新工科的专业人才培养目标，陆国栋[3]教授提出了建设和发展"新工科"的基本路径，包括：关注教师和学生"两个主体"，转变教学理念；培养学生适应变化与工程创新"两个能力";融通线上与线下"两个空间",激发学生学习动力;做好专业认证和星级评定"两个保证",保障专业教育质量。

为此,应重塑人才培养质量观,制定适应学生终身发展和社会需要的核心素养体系和学业标准体系;重构人才知识和能力体系,基于未来卓越工程人才核心素养和能力要求,开展学习成果导向的课程体系重构;探索人才培养的新模式,借鉴CDIO工程教育理念,打破学科界限,按照工程逻辑构建模块化课程,通过主动实践和做中学,建立能力达成和课程之间的对应关系;创新教育教学方法,逐步普及探究式、讨论式、参与式教学和混合式学习等更具互动性、智能化和个性化的教学方式与技术,促进未来多元化、创新型卓越工程人才的成长[1]。

1.1.3 知识经济新时代

(1) 21世纪教育的四大支柱。

随着人类社会进入了一个信息化的新时代,终身学习成为21世纪人的通行证(life-long study is the passport to the new millennium),联合国教科文组织把大学生的主要任务界定为"四个学会"[4],即:学会求知(learning to know)、学会做事(learning to do)、学会共处(learning to live together)、学会做人(learning to be)。这是21世纪教育的四大支柱,也是每个成功人生的四大支柱。近几年来,上百个国家的教育发展都在借鉴这一现代教育思想。

学会求知(learning to know),就是"学会学习"本身,即学会掌握知识的工具,掌握终身不断学习的工具(包括演绎、归纳、分析、组织知识的工具),学会收集信息、处理信息、选择信息、管理信息。同时,要有强烈的学习动机,有探求未知的热情,有实事求是的科学态度,有科学的人文精神,掌握举一反三的科学方法。

学会做事(learning to do),与学会求知不可分割,是"知"与"行"的关系。传统意义上的"学做",更多地与通过职业技术训练养成劳动技能联系在一起。在世界性的职业变动潮流中,学会做事,是指在"求知"过程中养成的科学素质的基础上,培养适应未来职业(工作)变动的应变能力,在工作中的革新能力,以及在具体的市场环境中创造新就业机会的能力。

学会共处(learning to live together),在经济全球化时代是一个十分重要的命题。学会共处,首先要了解自身,发现他人,尊重他人。学会共处,就要学会关心（to care），学会分享（to share），学会合作（to work with others）。学会共处，就要学会平等对话，互相交流，学会在各种"磨合"之中找到新的认同，确立新的共识。学会共处，还意味着人与自然和谐相处。学会共处，主要不是从书本中学习，它的最有效途径之一，就是参加目标一致的社会活动，并从中获得实际的体验。

学会做人（learning to be），是建立在前三种学习基础之上的一种基本进程，是教育和学习的根本目标。"to be"的意思，是"to be human""to be a complete man"，即"成为（真正意义上的）人""成为完整的人"。学会做人在这里超越了单纯的道德、伦理意义上的"做人"，而包括了适合个人和社会需要的情感、精神、交际、亲和、合作、审美、体能、想象、创造、独立判断、批评精神等方面相对全面而充分的发展。

（2）就业市场对人才的需求。

当今社会，企业面临的市场竞争空前惨烈。为提高市场竞争力，企业文化和品牌建设显得尤为重要。另外，社会转型和产业技术革新，迫使大量企业走上转型升级之路。无论是提升竞争力，还是应对转型升级，企业对员工的要求已经发生了明显变化，从而对应聘人员的知识、技能结构、从业能力提出了更高的要求。

上海交通大学就业指导中心的一项调查表明，社会转型时期用人单位非常重视的评价指标位居前四的依次是：责任意识（占77.8%）、敬业精神（占71.3%）、团队合作能力（占69.4%）和工作主动性（占63.8%）。可见，现代企业更看重员工的职业综合素质。员工具备良好的敬业精神、责任意识、团队意识以及沟通与表达能力等，保障了企业的人才队伍整体素质和核心竞争能力，是企业实现可持续发展的支柱。

（3）软硬技能并重的人才培养目标。

一个人的能力可以笼统地划分为"硬技能"和"软技能"两个部分。"硬技能"也称硬能力，是指个人具备的某个领域的专业能力，即满足岗位（群）要求的实践动手能力，也就是通常所谓的"做事"方面。硬技能是外显的，容易评价，易于提升。硬技能的高低决定一个人是否能够完成某项任务的本领，决定能否实现"上手快"的目标，企业往往很重视。

"软技能"是指可以跨岗位跨行业迁移携带、能为企业和个人发展带来额外附加利益的伴随人终生的能力，又称为软能力、关键能力、职业核心能力、个人综合素质，也就是通常所谓的"做人"方面。软技能是内隐的，不易衡量，需要持之以恒地渗透养成。软技能的高低决定了一个人成就某项事业的潜力，决定是否具有"后劲足"的能力，企业往往更关注。

当前，许多国家尤其是发达国家对软技能的培养非常重视。2017 年 9 月，中共中央办公厅、国务院办公厅印发《关于深化教育体制机制改革的意见》，明确提出着力培养学生终身发展、适应时代要求的关键能力，建立以学生发展为本的新型教学关系。虽然软技能的内涵目前并没有一个统一的标准，而且也会随着时代变化而不断发展，但不难看出，新工科提出的"核心素养体系"，联合国教科文组织提出的"学会共处""学会做人"，以及企业要求的"责任意识、敬业精神、团队合作能力、工作主动性"等，都属于软技能的范畴。涵盖学生的德行、职业操守与素养等方面，包括职业态度、社会责任、创新创业精神、团队合作能力、沟通交往能力、自我管理能力等。

如果说传统的工程教育主要关注传授知识，职业技术教育更关注硬技能培养，那么，面向 21 世纪的新工科专业教育则应将传授知识、培养技能、塑造人格完整地纳入培养体系，在人才培养中既注重专业能力即"硬技能"的培养，又关注专业外的可迁移能力即"软技能"的培养，使得培养的学生软硬技能兼备，学会求知，学会做事，学会共处，学会做人，培养出未来社会发展真正需要的专业技术人才。

综上，工程类专业人才培养正面临着来自教育国际化和社会转型发展的共同挑战。长远来看，工程教育专业认证，是工程类专业教育的底线，是基本的合格要求；新工科研究与实践，是教育主管部门引领的发展方向，是改革创新；而社会发展和企业需求，提出了软硬技能并重的人才培养新目标。工程教育要同时适应这三个方面的新要求，亟须发展一种新的教育模式。

1.2 应用型人才培养规律[5]

对各类高等院校而言，要充分履行"人才培养"这个基本职能，首先要回答"培养什么样的人"的命题，进行准确的人才培养目标定位。然后，围绕既定的人才培养目标，去设计"如何培养出这样的人"。而要科学设计出实现路径，必须先分析并明确欲培养的人才特征，研究并按照客观规律进行人才培养。

1.2.1　应用型人才的本质特征

作为一种客观存在的人才类型，应用型人才是相对学术型（理论型、研究型）人才和技术技能型人才的一种分类。通常需要具有扎实的理论基础和较强的工程意识，应用能力、实践能力、技术能力强，收集、消化、提升信息能力高，具有良好的综合能力、动手能力和解决问题能力，主要从事产品开发、生产现场管理、经营决策等活动，能够将设计方案与图纸转化为产品。

应用型人才的本质特征，相对学术型人才而言，在于其显著的实践动手能力；相对技术技能型人才而言，在于其良好的岗位迁移能力和可持续发展能力。我们将应用型人才的特征概括为：应用基础实、职业能力硬、综合素质高，具有良好的职业道德、敬业精神、实践能力、创新能力和可持续发展能力。或者更简单地说，就是以能力为本，软硬技能并重。

未来工程师很明显应该属于应用型人才，在当前我国经济社会发展转型时期迫切需要。虽然我国是工程教育大国，然而，长期以来由于对应用型人才的本质特征认识不足，导致对应用型人才的培养或者过分追求学科知识或者简化为技能训练，学校"生产"的"应用型人才产品"，离社会发展和用人单位的要求（尤其是能力）还有很大的差距。

1.2.2　应用型人才能力形成机理

应用型人才的本质特征，是以能力为本，软硬技能并重。而能力的形成，是个错综复杂、长期、动态和反复的过程，并且要受"内因"和"外因"等众多因素的影响和决定。这些因素相互影响、相互作用、相互渗透，此消彼长。

首先，能力的形成要经历一个"认识—实践—再认识—再实践"的曲折转化和螺旋上升过程。即，在知识积累的基础上，经过不断的认识和实践形成技能和智能，并在一些非智力因素的作用之下，进而形成能力。然后，经过知识和技能的再积聚以及认识和实践不断反复，最终又形成得到巩固、加强和提高的能力。也就是说，作为大学生，一般是先具有一定的社会生产生活的知识，才能具备各种不同层次和水平的能力，牢靠、扎实、广博的知识面是其能力形成的先决条件。

其次，能力靠传授是不能获得的，而必须将动脑和动手相结合，并通过反复实践才能逐渐形成。必须在一定的知识、经验和技能的积累基础之上，经过长期而系统的训练逐渐形成能力。在这个过程当中,实践起了至关重要的作用,它是人的知识、技能和能力形成的"桥梁"和"纽带"。所以,实践活动是能力形成的载体,在大学生能力的形成过程中处于核心地位,起着关键的作用。

最后,实践场所(环境)是学生能力形成的根本保障。实践场所(环境)是指大学生进行实践活动所需要的一系列外部条件的组合。场所与设备是帮助形成学生能力的必要硬件条件,学生能力的培养离不开实践场所(环境)的支撑。没有真实的环境体验,能力的形成便失去了立足之本。皮之不存,毛将焉附?根据能力培养的要求不同,场所的设置也是不同的,可以创设真实环境或者模拟(仿真)环境。

总而言之,应用型人才的能力存在一定的形成机理。知识、实践、环境是应用型人才能力形成的关键因素。如果人才培养的模式、机制、方法和环境得当,充分尊重和激发个性潜能,就完全可以获得人才培养的边际效应。

1.2.3 应用型人才能力培养路径

根据应用型人才能力形成机理,由上可见,如果从知识、能力、素质一体化培养的角度,在专业人才培养方案中对"能力·课程·场所"进行一体化设计,并提供能力形成必需的知识、实践和环境为平台,完全可以实现应用型人才能力培养目标,关系如图1.1所示。

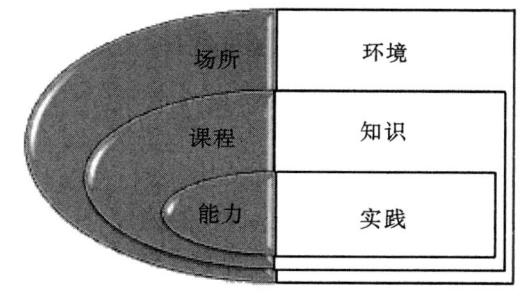

图1.1 应用型人才能力培养平台的一体化设计

为更清晰地呈现培养路径,显然应该将能力培养目标进行细分明确。根据细化的能力指标,将"能力·课程·场所"进行一一对应,以便在专业教育涉及的所有教师、教育管理者以及学生之间形成共识,同时便于形成人才培养质量评价和专业反馈体系,确保专业人才培养始终朝着预期的目标接近。

结合工程师的职业技能构成,我们将应用型人才的能力考虑组成进行进一步划分,即:职业核心能力(软技能)、工程基础能力、专业基本能力、专业综合能力"四大能力",每个能力体系下均有具体的二级能力指标。其中,职业核心能力（软技能）为各专业通用，而工程基础能力、专业基本能力、专业综合能力，是属于硬技能的范围，因专业要求而异。

受马斯洛需求理论的启发，构建人才需求能力的金字塔如图1.2所示。

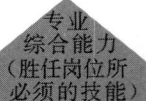

图1.2 人才能力金字塔

（1）职业核心能力，即"软技能"，又称为通用能力、关键能力。

职业核心能力（软技能）是人才能力金字塔的第一层能力，主要是为学生今后的职业生涯的可持续发展奠定基础。软技能可分为三个层次：应用层、修炼层、天赋层。应用层软技能包括团队合作、沟通交往、分析能力等；修炼层软技能，是通过长期积累和修炼形成的心理能力，包括责任心、成就动机、服务意识等；天赋层软技能，是基于先天生理差异而形成的一些深层次的技能，如直觉、美感、个性特质、性格等。软技能因其迁移性和终生性，往往能为企业和个人发展带来额外附加利益。相比较应用型人才培养目标而言，对软技能的培养着重定位在"应用层"上。

（2）工程基础能力，是工科类应用型人才所应普遍具备的能力。

工程基础能力是人才能力金字塔的第二层能力，包括英语阅读与交流、计算机基本技能应用及信息获取、数学模型应用、基本物理修养等能力。强调工程基础能力的培养，有利于拓宽人才培养口径，增强学生适应劳动力市场行情变化的能力，使学生能较快适应市场激烈的竞争，优胜劣汰带来的转岗、转行等情况。

（3）专业基本能力，是特定专业群、专业模块、专业方向共通的基本能力。

专业基本能力是人才能力金字塔的第三层能力，是从事本专业和专业群

1.2 应用型人才培养规律

工作的基本能力。具备这种能力的人，既能成为某一特定专业的合格劳动者，又能从事与专业相关或相近的岗位群的工作，能较好适应当今社会缘于科技进步、产品升级换代、行业变迁等所导致的岗位变化的需要，具备较强的可持续发展能力。

（4）专业综合能力，是在企业和社会环境下构思、设计、实施、运行特定专业系统的综合能力。

专业综合能力是人才能力金字塔的第四层能力，强调解决专业实际问题与创新能力，满足学生个性化发展和择业需求，增强岗位适应能力，提高学生就业竞争力。

综上，工程教育专业的核心，就是剖析专业人才所需的职业核心能力（软技能）、工程基础能力、专业基本能力、专业综合能力"四大能力"体系，通过对"能力·课程·场所"进行一体化设计，搭建"四大能力"平台，并构建能力取向的知识教育体系、实践导向的全程能力测评认证体系、素质取向的软技能养成教育体系"三个体系"，落实全程软硬技能并重的课堂教学。同时，从加强制度建设与教学文化建设、开放的一体化实践场所建设、教师教育教学能力提高、共享型教学资源库建设等实现路径着手，形成良好的应用型人才软硬技能并重培养机制。具体路径如图 1.3 所示。

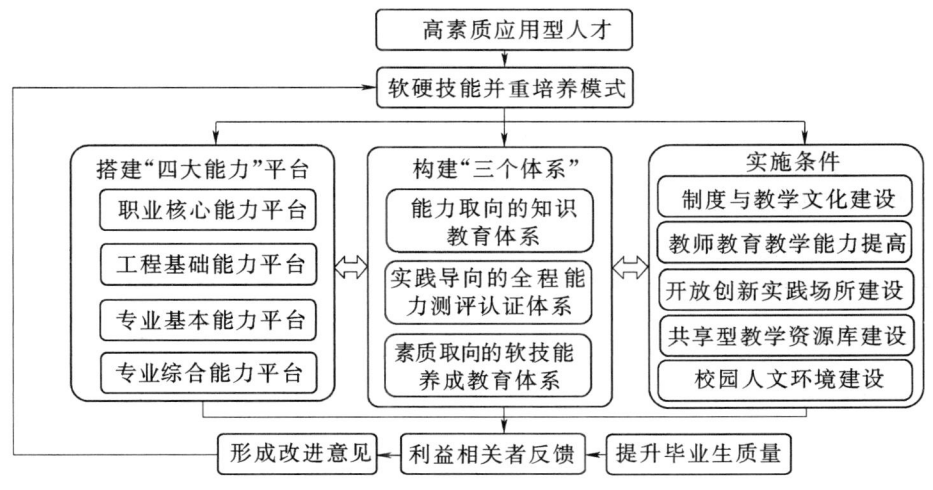

图 1.3 应用型人才软硬技能并重培养框架

软硬技能并重的应用型人才，在当前我国经济社会发展转型时期迫切需要。遵循应用型人才培养规律，对"能力·课程·场所"进行一体化设计，搭建"四大能力"平台,构建"三个体系",落实全程软硬技能并重的课堂教学,同时从加强制度建设与教学文化建设、教师教育教学能力提高、共享型教学资源库建设等实现路径着手,形成良好的应用型人才软硬技能并重培养机制。

1.3 高校文化传承和特色人才培养目标

1.3.1 文化传承是高校职能

文化是民族精神的结晶,是每一个民族赖以生存的根基和灵魂。当今,文化是一个国家经济社会发展的主要支撑,也是国家软实力的核心体现。"软实力"(soft power)概念的提出者——哈佛大学教授约瑟夫·奈指出,一个国家的综合国力既包括由经济、科技、军事实力等表现出来的"硬实力",也包括以文化和意识形态吸引力体现出来的"软实力",就如同前已述及一个人的能力由"硬技能"和"软技能"组成。"……硬实力和软实力依然重要,但是在信息时代,软实力的重要性正变得比以往更为突出。"

当代国家都越来越重视文化软实力的提升。大学因其长期以来形成的教书育人、科学研究、社会服务的基本职能,在国家文化建设中具有不可推卸的责任和得天独厚的优势。"大学之道,在明明德,在新民,在止于至善。"大学,正是通过求明德,求至善,造就一代又一代"新民",在引领和示范一个民族文化基础的形成[6]。胡锦涛同志在清华大学建校100周年庆祝大会的重要讲话中,明确提出将文化传承与创新作为高等教育的一个新职能,与教书育人、科学研究、社会服务一起,共同构成高校的四大基本职能。从此,文化传承作为一种大学使命正式提出。

那么,到底传承些什么呢?蒋明等提出,大学文化传承应该包含中华传统文化、社会主义先进文化和大学文化三个方面的内容。中华传统文化体现在,以"易"为世界观,以"和"为价值观,以"中庸"为方法论,以"仁""义""礼""智""信"为道德观的中华文化核心观念。社会主义先进文化体现在,倡导富强、民主、文明、和谐,自由、平等、公正、法治,爱国、敬业、诚信、友善的社会主义核心价值观。而大学文化,则是以大学为载体,通过历届师生的传承和创造,在长期办学过程中经过历史积淀而逐渐形成的办学理念、精神风貌、学术氛围、规章制度、价值标准、学生风格、大学环境等物质成果和精神成果的总和。它是一所大学赖以生存、发展的重要根基和血脉，是大学间相互区别的重要标志和特征[7-8]。

1.3.2 大学文化的育人功能

丁学良[9]先生在《什么是世界一流大学》中指出：大学是国家软实力的发源地，大学的兴衰和大国的兴衰密切相关。而大学文化是一所大学的精髓和价值所在。不难得出，大学文化是国家软实力极其重要的部分[10]。大学文化的一个重要作用，是以其独特的文化氛围滋润着大学生的心灵，启迪心智、陶冶情操、塑造人格、引领形成正确的价值观，发挥着育人的本质功能[7]。

大学文化包括大学物质（环境）文化、大学制度文化和大学精神文化。大学精神文化是大学文化的灵魂，是大学赖以创新、提高核心竞争力的引领，包括教育思想和办学理念，集中体现在学校发展战略、办学定位与人才培养目标以及校训、校歌和校风之中[10]。

良好的大学文化不仅可以启迪和引导大学生的精神成长，其丰富的文化底蕴与文化精华对大众文化和社会发展也起着积极的示范与推动作用。如北京大学坚持"爱国、进步、民主、科学"的传统，"兼容并包、思想自由"不但成了北京大学的精神特质和文化标志，而且也成了引领中国现代大学的教育真言。清华大学百年来秉持着"自强不息、厚德载物"的校训，形成了"行胜于言"的校风以及"严谨、勤奋、求实、创新"的学风。又如武汉大学的校训为"自强、弘毅、求是、拓新"，是人文精神与科学精神的高度结合。可见，良好的大学文化，代表了社会文化的先进方向，是文化发展的灯塔[7]。

1.3.3 水文化孕育特色人才培养目标

水是万物之源，与人类文明的起源和发展密切相关。水文化是人类在社会历史发展过程中所创造的与水有关的精神财富与物质财富的总和。纵观源远流长的中华文化，从一开始就孕育着思想内容丰富的水文化。水，因其独特的自然特性，成为中国传统哲学思想表达的重要隐喻，让"水"蕴藏了无尽的文化内涵，流传至今，影响深远。如易学最著名的阴阳五行说，即金木水火土，其中水主智，其性聪，其情善，其味咸，其色黑。儒家认为，水有"五德"，"似德、似义、似道、似勇、似法、似正、似察、似善化、似志",所以君子应该向水学习。《论语》《孟子》等儒家代表作多次提到尚动之水与行仁、为政和心性等的关系。如"仁者乐山,智者乐水""沛然德教,溢乎四海""人性之善也,犹水之就下也"等。道家以水象征道在流变,比喻柔弱可以战胜刚强。《老子》《太一生水》《管子·水地》等作品深刻阐述了水性。如"上善若水。水善利万物而不争。处众人之所恶,故几于道""天下莫柔弱于水,而攻坚强者莫之能胜"等。兵家的孙子汲取他人对"水"的思辨认识,体悟到了兵家以弱胜强的战略发展观和以柔克刚的战术策略观。"夫兵形象水,水之形避高而趋下,兵之形避实而击虚;水因地而制流,兵因敌而制胜,故兵无常势,水无常形。"概而言之,古代圣贤寄予了"水"众多优秀品质,引导我们观察、体会、感悟、效仿。

水同时也是人类生活生产的重要资源。但水能载舟,亦能覆舟。从某种意义上说,纵观中华民族悠久的文明发展史,也是一部兴水利、治水患、除水害的水利发展史。从大禹治水的传说,到都江堰工程、治黄工程、三峡工程等,在这些伟大的水利工程和水事活动中,彰显着民族精神,丰富了水文化的内涵。"大禹治水"体现了大仁、大智、大勇,舍小家为大家的奉献精神,疏而不堵、尊重自然的科学精神;林则徐兴修水利,解民于困苦之中,体现了民生为本、身体力行的从政理念和生命不息、治水不懈的进取精神。到现代,"自力更生、艰苦创业、团结协作、无私奉献"的红旗渠精神,"万众一心、众志成城,不怕困难、顽强拼搏,坚韧不拔、敢于胜利"的抗洪精神和"献身、负责、求实"的水利精神,则与社会主义核心价值观一脉相承,给出了实践"爱国、敬业、诚信、友善"的具体路径,激励着广大水利人,同时也引领社会大众,在劳动和奉献中创造价值,在个人与社会的统一中实现价值,追求和谐发展与人生幸福。

浙江水利水电学院作为一所以工科为主的行业性普通本科院校,也是我国仅存的三所水利本科院校之一,可以说与水渊源深厚。学校因水而建,因水而兴,有60年的办学历史,始终坚持以水利水电为特色,在充当浙江水利水电人才培养摇篮的同时,积淀形成了浓厚而独特的学校文化。校训"博学·求实"含义为博于问学,笃于务实。多学真知,向各种人学,学各种知识;多干实事,踏踏实实做事,老老实实做人。形成了"自强、务实、尚德、求真"的精神:自强,反映学校60年坎坷办学,艰苦奋斗,不断进取;务实,与水利行业精神相衔接,反映水利人朴实无华的作风;尚德,反映学校师生崇尚品德修养；求真，体现工科院校崇尚科学、追求真理、认真负责的态度。学校始终坚持以水立校、以水兴校、以水强校的办学理念，充分设置与水有关的学科专业，研究水、利用水，当然更重要的是传承水文化，努力以"水利精神、水的品质"塑造、培养学生的软技能，培养学生软硬技能兼备的水院气质，做人如水，做事如水。

弱水三千，只取一瓢饮。高校的办学理念和目标定位，直接影响学校的内涵发展和核心竞争力。浙江水利水电学院始终坚持以水立校、以水兴校、以水强校的办学理念，人才培养总目标锁定为软硬技能兼备的高素质应用型人才。这样的特色定位，在因水而名、因水而兴、因水而美的浙江，无论是教书育人、科学研究、社会服务，还是水文化的传承创新，都有自己的一方舞台。舞台既是机遇，也是挑战，更是责任和使命。其中需要我们首先思考和践行的，是以科学系统的教育模式为载体，将水文化的内涵融入教书育人的全过程，努力以"水利精神、水的品质"塑造、培养学生的软技能，培养学生软硬技能兼备的水院气质，做人如水，做事如水，为浙江经济社会发展输送高素质的应用型人才。

本 章 小 结

本章主要介绍了SWH-CDIO-E工程教育模式提出的背景。从工程教育专业认证、新工科和信息化时代的发展要求，分析了高等工程教育面临的新形势，得出了软硬技能并重的应用型人才培养目标。通过分析应用型人才的本质特征和能力形成机理，给出了应用型人才的能力培养路径：对"能力·课程·场所"进行一体化设计，搭建"四大能力"平台，构建"三个体系"，落实全程软硬技能并重的课堂教学。最后，以浙江水利水电学院为例，分析了学校将"水文化"传承与教书育人融合的基本职能，提出要创建一种新的工程教育模式，以实现特色人才培养目标。

第 2 章　SWH－CDIO－E 工程教育模式顶层设计

为实现软硬技能兼备的高素质应用型人才培养目标，将学校"水文化"特色与国际先进的 CDIO 工程教育理念、OBE 理论对接，浙江水利水电学院创新提出了 SWH－CDIO－E 工程教育模式（SWH 为"水文化"的汉语拼音首字母）。在人才培养过程中，将"水利精神、水的品质"为核心的软技能与 CDIO 能力相结合，以结果为导向，搭建能力平台，推行项目教学，实施软硬技能并重培养。本章主要从顶层设计的角度介绍 SWH－CDIO－E 工程教育模式。SWH－CDIO－E 工程教育模式顶层设计框架示意图见图 2.1。

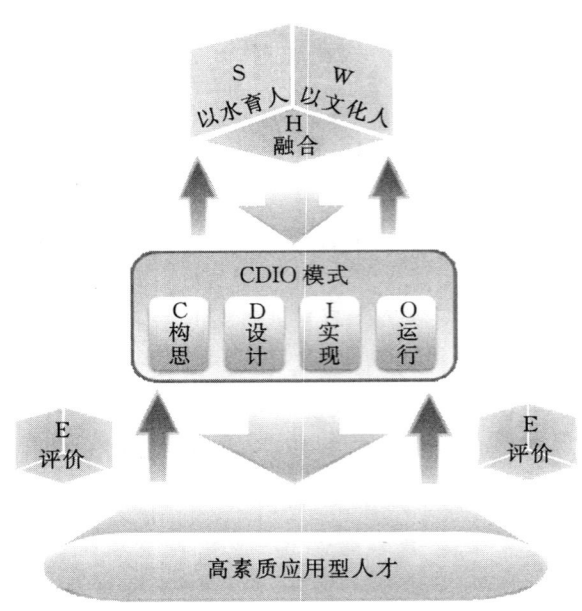

图 2.1　SWH－CDIO－E 工程教育模式顶层设计框架示意图

2.1 SWH-CDIO-E工程教育模式内涵

2.1.1 CDIO[11-12]

CDIO工程教育模式是近年来国际工程教育改革的最新成果。美国麻省理工学院和瑞典皇家理工学院等四所世界著名工科大学联合跨国研究，美国工程院士Edward Crawley教授等人在Wallenburg基金会资助下，于2004年创立CDIO工程教育理念，在2010年获美国工程界最高奖——"戈登奖"。

CDIO代表构思（conceive）、设计（design）、实现（implement）和运行（operate），它依据的是现代工业产品从构思研发到运行乃至终结废弃的全生命过程。CDIO工程教育模式以分级项目为载体，让学生以主动的、实践的、课程之间有机联系的方式，在学习工程技术的过程中，既提高学生的创新能力和实际动手能力，又培养学生的团队协作精神和沟通交往能力。

CDIO的核心内容包括一个愿景、一个大纲和12条标准。CDIO的愿景为学生提供一种强调工程基础、建立在真实世界的产品和系统背景环境基础上的工程教育。CDIO的大纲对学生提出四个层面的能力要求——工程知识和推理、个人专业能力和素质、团队合作与沟通能力以及在企业和社会环境下构思、设计、实施、运行综合系统的能力。CDIO的12条标准，是对整个模式实施的全面指引，也是对是否实践CDIO教学理念的系统检验，使得工程教育改革具体化、可操作、可测量，对学生和教师都具有重要指导意义。

因其系统性、科学性和先进性的统一，CDIO理念一经提出就受到工程界和教育界的广泛关注，按CDIO模式培养的学生深受社会与企业欢迎。

2.1.2 SWH

SWH为"水文化"的汉语拼音首字母，体现浙江水利水电学院的文化特色。

"SWH"蕴指以"水利精神""水的品质"为核心的软技能，涵盖"献身、负责、求实"的职业态度、聚水成海的团队合作能力、润物无声的沟通交际能力、融会贯通的解决问题能力、以柔克刚的创新应变能力，以及滴水穿石的坚韧毅力、海纳百川的胸襟气度和奔流不息的人生追求。

做人如水，要学会包容，正直守法，心怀梦想，自强不息；做事如水，要锲而不舍，团队合作，创新应变，回馈社会。

2.1.3 E

E代表"评价"(evaluation)，来源于OBE (outcomes-based education) 理论以及工程教育专业认证的核心理念，强调以结果为导向持续改进的质量文化，对人才培养的质量进行全面、客观地评估。这个结果，即学习产出，是学生毕业时应达到的能力及其水平。

宏观的评价，聚焦"专业层面"，来自于外部，主要包括用人单位、教育评估院等第三方对毕业生质量的评价反馈，教育主管部门或第三方认证机构组织的专业评估、专业认证等。专业评价体现的是专业人才培养目标的达成度，反映毕业生能否满足经济社会发展的需要。评价结果是调整人才培养目标、重建课程体系、完善教育保障、持续改进专业建设的重要依据。

微观的评价，聚焦"课程层面"，主要来自内部的质量控制，包括对学生学业的多元评价、对课程教学的评价。课程评价体现的是课程教学匹配专业能力大纲的贡献度。评价结果是调整课程教学目标、重构教学内容、改革教学方法的重要依据。如果课程教学被证明无法为培养学生特定能力做出贡献，或者学生没有达成课程预期的培养目标，它们就需要改革重建。

所有的评价结果，应该及时、全面反馈给学生、教师以及其他利益相关者，以促进专业教育协同、持续改进。

2.1.4 SWH-CDIO-E工程教育模式

SWH-CDIO-E工程教育模式，是将学校"水文化"特色与国际先进的CDIO工程教育理念、OBE理论对接，在实施CDIO工程教育模式中，凸现"软技能"和"硬技能"的培养；在培养学生专业硬技能的同时，注重"水利精神""水的品质"为核心的软技能培养；并以结果为导向，对人才培养质量进行跟踪评价，依据评价反馈对人才培养过程进行完善，形成持续改进人才培养质量的循环机制。

实施SWH-CDIO-E工程教育模式的最终目标，是希望在正确的理念指导下，通过合适的载体和方式，并重培养学生的软技能和硬技能，实现"上手快、后劲足"的高素质应用型人才培养目标。引导学生做人如水，做事如水，软硬兼备，刚柔并济。

SWH-CDIO-E工程教育模式借鉴先进的CDIO教育模式和OBE理论，并与学校"水文化"特色对接，目标是实现软硬技能兼备的应用型特色人才培养。模式的提出符合新工科和新时代发展提出的人才要求，符合工程教育专业认证的核心理念，能将高校教书育人职能与文化传承职能完美结合，具备先进性、科学性和辨识度。

2.2 SWH-CDIO-E工程教育模式核心内容

SWH-CDIO-E工程教育模式的核心内容，是在分析现软硬技能兼备的应用型特色人才培养目标基础上，结合中国工程教育的大环境，对CDIO能力进行大纲和标准的本土化，主要包括一个愿景、一个能力大纲和九条标准。

2.2.1 SWH-CDIO-E愿景

构建一个现代的、基于团队的环境，提供工程产品、过程和系统的构思—设计—实现—运行（CDIO）过程的教育背景，理实融合，实践育人；以结果为导向，强调软硬技能并重培养，在培养学生专业硬技能的同时，注重以"水利精神""水的品质"为核心的软技能培养，增强学生应对市场变化和可持续发展能力，培养"上手快、后劲足"的高素质应用型人才。

2.2.2 SWH-CDIO-E能力大纲

当代社会需要什么样的工科毕业生？换句话说，工科毕业生应具备怎样的知识、能力、态度？其水平应达到什么程度？SWH-CDIO-E能力大纲为回答这些问题提供了清晰、完整、系统的答案，代表了工程教育的具体目标，以便在校学生、任课教师、教学管理及学生管理人员、教学辅助人员、校友及工业界等所有与工程教育直接相关者都能够理解，并在整个教育系统实现中发挥各自的作用。

根据对众利益相关者的深入调研，并结合工程师的职业技能构成，SWH-CDIO-E能力体系由三部分组成：工程知识和逻辑思维、软技能、硬技能。其中，软技能为各专业通用，主要包括人文精神、态度与习惯、职业道德、交流表达、团队合作五个方面。硬技能包括工程基础能力、专业基本能力、专业综合能力，具体由各专业细化。

(1) 工程知识和逻辑思维。

1) 基础科学知识。

2) 核心工程基础知识（由具体专业确定）。

3) 高级工程基础知识（由具体专业确定）。

(2) 软技能（职业核心能力、关键能力，各专业通用）。

1) 人文精神。

a. 强调以人为本，重视人、尊重人、关心人、爱护人。

b. 传承中华民族的优秀文化素养。

c. 培养真诚善良的社会情感。

2) 态度与习惯。

a. 柔而隐则于内的谦虚态度。

b. 奔流不息的人生追求和终生学习。

c. 滴水穿石的坚韧毅力。

d. 融会贯通的解决问题能力。

e. 以柔克刚的创新应变能力。

f. 细水长流的自我管理能力。

3) 职业道德。

a. 献身、负责、求实的职业精神。

b. 主动规划个人职业生涯。

c. 工程对社会的影响。

4) 交流表达。

a. 口头表达和人际交往。

b. 书面表达和函件交流。

c. 技术文本和图表交流。

d. 电子和多媒体交流。

e. 外语交流。

5) 团队合作。

a. 团队精神与技术协作。

b. 团队责任与主动工作。

c. 团队沟通与冲突处理。

d. 团队领导力。

e. 团队执行力。

(3) 硬技能(由各专业细化)。

1) 工程基础能力。

a. 工程推理和解决问题。

b. 实验和发现知识。

c. 系统思维与数字化能力。

d. 信息获取与国际化。

2) 专业基本能力。

a. ……

b. ……

c. ……

……(由各专业补充。)

3) 专业综合能力。

a. ……

b. ……

c. ……

……(由各专业补充。)

2.2.3 SWH-CDIO-E标准

SWH-CDIO-E标准从以SWH-CDIO-E为基本环境,明确专业人才培养目标,制定一体化的培养方案,搭建"四大能力"平台,采用项目制教学案例教学、翻转课堂,构建全程能力训练与测评认证体系,学生学业考核,教师教学能力提高及专业人才培养目标达成评价九个方面,对整个模式的实施进行指引和检验,对学生和教师都具有重要指导意义。

(1) 以SWH-CDIO-E为基本环境。

描述:采用这样一个基本原理,将产品、过程和系统生命周期的开发与运用——构思、设计、实现、运行(CDIO)——作为工程教育的背景环境,强调软硬技能并重培养。在培养学生专业硬技能的同时,注重以"水利精神""水的品质"为核心的软技能的培养。

证据：1）在专业人才培养方案、项目（课程）标准、教案等教学基本文件中，明确表明本专业基于 SWH-CDIO-E 理念的培养模式；
2）教师和学生都能够解释将产品、过程和系统的生命周期作为工程教育背景环境的原则；
3）尽早开设"工程导论"或"专业导论"课程，作为产品过程和系统生命周期的初级引导项目；
4）尽早开设"大学生核心能力提升"课程并全程全员渗透。

（2）专业人才培养目标。

描述：明确列出 SWH-CDIO-E 能力大纲中的各项指标内容，及预期熟练程度或标准。为使专业培养目标同行业需求保持一致，培养目标要通过主要利益相关者的认可或审查。

证据：1）专业人才培养目标中，明确列出其毕业生所需获得的知识、软技能和硬技能等方面的要求；
2）SWH-CDIO-E 能力大纲中，结合专业细化各项指标，形成各专业 SWH-CDIO-E 能力大纲；
3）培养目标涉及各项指标的熟练程度，是通过主要利益相关者的认可而确立的；
4）主要利益相关者包括：教师、学生、用人单位和行业企业专家。

（3）一体化人才培养方案。

描述：制定课程之间互相支持，能力与学科知识充分整合、一体化的人才培养方案。每一具体能力的培养落实到培养方案中相对应的课程和课外活动中，学生在学习工程知识的同时获取软技能和硬技能的提高。

证据：1）形成基于 SWH-CDIO-E 的专业人才培养方案，绘制课程体系鱼骨图，明确阐明各学科知识之间的联系；
2）精心选取各级项目，既整合专业教学标准的基本内容，又要提供完整的 C、D、I、O 工程教育背景，实现工程知识、软硬技能并重培养的人才培养目标；
3）教师和学生熟知人才培养方案的内容，并发挥积极作用；
4）教师和学生重视软硬技能培养，并积极落实在第一课堂和第二课堂中。

（4）搭建"四大能力"平台。

描述： 专业一体化的人才培养方案中，明确搭建职业核心能力（软技能）平台、工程基础能力平台、专业基本能力平台、专业综合能力平台，将每一具体能力的培养落实到相应的课程和课外活动中，并为落实培养目标提供实践场所。"四大能力"平台的建设，强调动手学习、团队互动，在辅助知识学习的同时，辅助产品、过程和系统建造能力的培养及社会化能力的学习养成。

证据： 1)"四大能力"平台构建方案，明确各能力平台对应的课程支撑和实践场所支撑，并写入人才培养方案；

2)"四大能力"平台依据为专业SWH-CDIO-E能力大纲中的软硬技能；

3) 实践场所以学生为中心，方便学生使用、操作和互动，支撑"四大能力"的培养；

4) 各实践场所开放运行记录。

（5）采用项目制教学、案例教学、翻转课堂。

描述： 课程教学主动适应专业人才培养目标，将工程实践问题和学科问题相结合，各专业5～8门核心课程采用项目制教学、案例教学、翻转课堂，强调以学生为中心的互动教学。

证据： 1) 制定一体化的项目（课程）课程标准（设计说明），并绘制项目（课程）能力矩阵。在项目（课程）目标中，围绕专业培养目标对应整合了课程教学能力培养的相关知识、软技能与硬技能；

2) 采用项目制教学、案例教学、翻转课堂的教学文本和学习成果；

3) 有工程经历的教师直接参与、校企合作共同设计共同实施项目制教学、案例教学、翻转课堂；

4) 学生积极参与学科技能竞赛项目、教师科研科技服务项目。

（6）构建全程能力训练与测评认证体系。

描述： 依据各专业人才培养方案和SWH-CDIO-E能力大纲，制定全程能力训练项目，明确拟达到的标准，每个学期选择1～2个能力项目进行测评认证，能力项目全部通过者发放"能力证书"；测评标准优先考虑采用国家标准、行业标准、地方标准，或者校企共同开发编制相应校级测评标准。

证据：1) 依据各专业人才培养方案和 SWH‐CDIO‐E 能力大纲，制定全程能力训练和测评认证方案，并写入人才培养方案；

2) 各能力测评认证标准；

3) 各能力测评认证成绩分析（能力证书发放情况）；

4) 开展能力测评认证的过程资料。

（7）学生学业考核。

描述：针对项目（课程）涉及的工程知识、软技能及硬技能目标，基于形成性、多元化、发展性的评价理念，采用相应的考核方法。包括笔试、口试、观察学生的表现、汇报与答辩、作业卷案、论文、互评和自评等。

证据：1) 教学大纲中明确了与学习目标相适应的考核方法；

2) 考核方法在教学实践中得到了成功实施；

3) 多数项目（课程）采用了"知识＋技能＋态度"（KSA）的考核方式；

4) 及时对学生能力达成情况进行分析，以改进教学实践。

（8）教师教学能力的提高。

描述：引导、鼓励教师提升 SWH‐CDIO‐E 的教学能力，并进行有计划地落实。包括：支持教师参加企业锻炼、科技服务，提供平台经常性地开展教学观摩和研讨交流；有针对性地引进有工程经验的教师、企业专家深度参与教学实践，并与专任教师互为补充。

证据：1) 教师参加企业实践锻炼、教学交流、培训、学习的计划；

2) 教师参加企业实践锻炼、教学交流、培训、学习的记录；

3) 有一支教师和工程师资格兼具、教学能力和工程实践能力兼备的"双师双能型"教学团队；

4) 兼职教师参加专业建设、课程建设的记录。

（9）专业人才培养目标达成评价。

描述：以专业人才培养目标和毕业生应达到的各项毕业要求为导向，通过毕业设计、就业情况分析、毕业生调查、用人单位调查、专业认证、专业评估等方面，对人才培养目标达成度进行评价，从而调整相应专业能力大纲和一体化人才培养方案、师资队伍建设、教学条件建设、课堂教学实施等各个环节，进行持续不断的实践和改进。

证据： 1) 毕业要求的各项达成结果评估、毕业设计综合评估；

2) 毕业生的毕业率、获得学位比例，一次就业率、就业质量、创新创业参与度，研究生录取率；

3) 建立毕业生、利益相关者对人才培养目标达成度进行评价的良好机制；

4) 第三方组织或经有关部门认定的毕业生跟踪调查报告及用人单位、毕业生反馈信息等；

5) 教育主管部门或第三方认证机构组织的专业评估、专业认证结果和报告。

SWH-CDIO-E工程教育模式顶层设计的内容，应该作为工程教育背景的一个内容，为全体教师和学生熟知，并在后续的专业实践中作为最低标准遵守。包括：根据要求细化专业能力大纲，认真实施九条标准并持续完善改进，努力实现软硬技能兼备的高素质应用型人才培养的美好愿景。

本 章 小 结

本章主要从SWH-CDIO-E工程教育模式产生的源头、内涵及核心内容，介绍了SWH-CDIO-E工程教育模式的实现路径。SWH-CDIO-E工程教育模式主要借鉴了国际先进的CDIO模式和OBE理论，并嫁接了"水文化"特色，突出以"水利精神""水的品质"为核心的软技能培养。核心内容包括：一个愿景，即实现软硬技能兼备的高素质应用型特色人才培养目标；一个能力大纲，即对学生提出工程知识和逻辑思维、软技能、硬技能三个方面的目标要求；九条标准，即作为SWH-CDIO-E工程教育模式实施的全面指引和检验标准。

第3章　SWH-CDIO-E 工程教育模式实施

一般而言，SWH-CDIO-E工程教育模式的实施，根据九条标准的指引就可以进行。为帮助教师和学生更好地理解和执行实施过程，本章主要从教学的整体设计及课堂教学实现，对模式实施的关键路径进行重点介绍。

3.1 搭建"四大能力"平台

应用型人才培养规律已经表明，要落实应用型人才培养目标，首先必须解析能力构成，并从能力、课程、场所三方面对人才培养过程进行统一的一体化设计。在SWH-CDIO-E能力大纲中，SWH-CDIO-E能力体系由软技能、工程基础能力、专业基本能力、专业综合能力"四大能力"组成。也就是说，在专业人才培养的指导性方案中，应明确搭建职业核心能力（软技能）平台、工程基础能力平台、专业基本能力平台、专业综合能力平台"四大能力"平台，揭示各二级能力指标与项目（课程）的对应关系，以及相应实践场所（条件）的需求，以确保对人才培养形成整体指导。[5]

3.1.1 职业核心能力（软技能）平台

职业核心能力（软技能）平台主要培养学生的通用、关键和可迁移能力。前已述及，应用型人才的软技能培养目标主要聚焦于"应用层"，即注重团队合作、沟通交往、创新创业等，主要包括人文精神、态度与习惯、职业道德、交流表达、团队合作五个方面。

该平台由学校在全国性层面统一搭建，由显性平台与隐性平台两部分组成，为软技能的知识导入、渗透训练与测评认证提供课程和场所支撑。显性平台，主要提供软技能的知识导入和训练，隐性平台主要依靠其他课程实施

3.1 搭建"四大能力"平台

"项目制教学"等教学改革，提供软技能的渗透培养。浙江水利水电学院搭建的显性平台主要包括以下内容，如表3.1所示。

表3.1 职业核心能力（软技能）平台

学期	二级能力指标	项目（课程）设置	实践场所（条件）
1~7	人文精神、态度与习惯	浙江特色水教育、思想道德修养与法律基础、毛泽东思想和中国特色社会主义理论体系概论、马克思主义基本原理、中国近现代史纲要、形势与政策、军训	水情教育中心、文化校园、社会实践基地
1~8	职业道德	大学生心理健康教育、大学生职业发展与就业指导、创业基础	职业发展教育综合实训室、图书馆、创业学院
1~8	交流表达	大学生核心能力提升、科技文献检索、应用文写作、大学英语	职业发展教育综合实训室、图书馆、语音室
1~8	团队合作能力	大学生核心能力提升、CDIO素质拓展实训、军训	职业发展教育综合实训室、CDIO素质拓展中心、职业核心能力测评站

围绕"水文化"的传承和"水利精神""水的品质"的培养，开设"浙江特色水教育""社会实践"课程，建设水情教育中心和"水文化"特色校园；围绕人际交往、团队合作能力的培养，开设"大学生心理健康教育""大学生核心能力提升""素质拓展实训"等课程，建设职业发展教育综合实训室、素质拓展中心、职业核心能力测评站等作为相应实践活动的场所；围绕职业规划能力和终身发展可持续能力的培养，开设"大学生职业发展与就业指导"并建立职业发展教育综合实训室；围绕文字表达能力、信息收集能力的培养，开设"应用文写作""科技文献检索"等课程，并以开放图书馆资源作为资源保障；开设"创业基础"等创业教育类课程，使创新创业教育与专业教育相融合。

3.1.2 工程基础能力平台

工程基础能力平台主要培养应用型人才普遍具备的能力，主要包括工程推理和解决问题、实验和发现知识、系统思维与数字化能力、信息获取与国际化等能力，见表3.2。具备这种能力的人，能较好适应当今社会缘于科技进步、产品升级换代、行业变迁等所导致的岗位变化的需要，较快适应优胜劣汰带来的转岗、转行等情况。强调该普适性能力的培养，有利于拓宽人才培养的口径，提高学生的可持续发展能力和市场竞争力。

表 3.2　　　　　　　　　　工程基础能力平台

学期	二级能力指标	项目（课程）设置	实践场所（条件）
1～3	工程推理和解决问题能力	高等数学、概率论与数理统计、线性代数、大学物理	图书馆
2～3	实验和发现知识能力	大学物理实验、金工实习	物理实验室、工程训练中心
1～4	系统思维与数字化能力	VB程序设计、数学建模	机房、数学建模创新实验室
1～4	信息获取与国际化能力	大学计算机基础、大学英语	机房、图书馆、语音室、英语角

该平台由学校层面统一搭建，开设以培养工程推理和解决问题能力为主的"高等数学""大学物理"系列课程；开设以培养实验和发现知识能力为主的"大学物理实验""金工实习"等课程，并建立物理实验室、工程训练中心等实践场所；开设以培养系统思维与数字化能力训练为主的"VB程序设计""数学建模"等课程，并提供开放的机房、图书馆、数学建模创新实验室等实践场所；开设以培养信息获取与国际化能力为主的"大学计算机基础""大学英语"系列课程，并提供开放的机房、图书馆、语音室、英语角等相应实践场所。

3.1.3　专业基本能力平台

专业基本能力平台主要培养特定专业群、模块方向所共通的基本能力。专业基本能力是从事本专业（群）工作的基本能力。拥有专业基本能力，既能成为某一特定专业的合格劳动者，又能从事与之相关或相近的岗位群的工作。

该平台由二级学院层面搭建，通过设置合适的专业基础课程和提供相应的实践场所，强化同一专业群下不同专业模块、不同专业方向之间共通的专业基本能力训练。平台因专业不同而有不同的设置，并应尽可能创设仿真或模拟真实的工程环境。电气工程及其自动化专业的专业基本能力平台如表3.3所示。

表3.3　　　电气工程及其自动化专业的专业基本能力平台

学期	二级能力指标	项目（课程）设置	实践场所（条件）
3～6、三短*	初级电工电子电路分析设计能力	电路、电机学（课程及实习）、模拟电子技术、数字电子技术、电工电子技能实训	电工室、电机室、电子技术室、电子产品设计实训室、电子产品工艺设计实训室、电子产品生产加工实训室、PCB设计制作实训室
4～6	初级电气控制回路分析设计能力	电气控制及PLC、电机学（课程及实习）、PLC应用技术课程设计、自动控制原理	PLC室、控制技术室、自动化测控综合室
1、6	电气制图能力	工程制图及CAD、计算机辅助设计	电气CAD实训室、制图实训室

* 浙江水利水电学院实施三学期制，一个完整的学年包括：春季、秋季两个长学期和一个夏季短学期。其中，夏季短学期时长6周，由春季学期结束后3周、秋季学期开学前3周组成，主要用于安排集中实践教学环节。

3.1.4　专业综合能力平台

专业综合能力平台主要培养构思、设计、实施、运行特定专业系统的综合能力。专业综合能力强调解决专业实际问题的能力和创新能力，满足学生个性化发展和择业需求，增强岗位适应能力，提升学生的就业竞争力。

该平台由专业层面搭建，基于CDIO工程教育理念，设置特定的专业方向课程和提供相应的实践场所，强化在企业和社会环境下构思、设计、实施、运行系统的专业综合能力的培养。该平台因专业不同而有不同的设置，并应尽可能实现工程化、实践化以及现场化。电气工程及其自动化专业的专业综合能力平台如表3.4所示。

表3.4　　　电气工程及其自动化专业的专业综合能力平台

学期	二级能力指标	项目（课程）设置	实践场所（条件）
6～7	进网作业特种电工高压试验能力	高电压技术、电气试验综合实训	电气试验室
四短、7	进网作业特种电工继电保护能力	电力系统继电保护原理、电气二次综合实训	微机保护室、电气二次室、变电站综合自动化仿真实验室

续表

学期	二级能力指标	项目（课程）设置	实践场所（条件）
6~8	发电厂变电所电气一二次设计能力（发电厂及电力系统方向）	电力系统分析、发电厂电气部分、电力系统继电保护原理、发电厂自动装置、发电厂计算机监控与运行、课程设计、毕业设计	电气CAD实训室、动态模拟电厂、供用电技术室
6~8	电气产品、系统自动控制设计能力（电气技术方向）	工厂供电课程及设计、传感器与检测技术、过程控制技术、电气控制技术设计、毕业设计	低压配电实训室、控制技术室、自动化测控综合室

搭建"四大能力"平台，主要从"能力·课程·场所"一体化设计的角度，对SWH-CDIO-E能力大纲中各二级能力指标，及其对应支撑的项目（课程）、场所（条件）进行明确，从软硬技能兼备的专业人才培养目标出发，进行课程体系的整合和实践场所的规划。

3.2 构建"三个体系"

"四大能力"平台主要依靠全体教师及学生实现，为保证各项目（课程）、实践场所能确实对能力指标形成支撑，需要构建"三个体系"，对各项目（课程）课程的落实进行思想统一和教学指导，包括能力取向的知识教育体系、实践导向的全程能力训练与测评体系、素质取向的软技能养成教育体系。[5]

3.2.1 能力取向的知识教育体系

能力取向的知识教育体系，是相对于知识本位教育体系提出来的。能力取向的知识教育改变过去以传授知识为主，而转向注重能力培养，更加关注学以致用，能够继续学习；改变过去的按照学科系统建立的课程结构、教学内容体系，而转向按照能力的培养建立课程结构与教学内容体系，更加关注各学科知识对专业人才培养目标的贡献度。能力取向的知识教育体系更加强调知识应用能力，把应用技术知识去解决实际问题的能力素养作为主要教学目标；更加强调以学生为中心，创造一切条件提高学生的自主学习能力，以适应未来职业的发展变化。

能力取向的知识教育体系，由能力取向的人才培养方案、能力取向的知识传授、能力取向的教材设计、能力取向的知识学习和能力取向的知识评价组成。

(1) 能力取向的人才培养方案。

能力取向的人才培养方案,是实施 SWH-CDIO-E 工程教育模式的核心体现。必须制定能力与学科知识充分整合、一体化的人才培养方案。能力取向人才培养方案的制订,应以能力培养目标为导向,兼顾开放性,重在整体优化。

以能力培养目标为导向,关键在对专业教育利益相关者深入调研的基础上,形成科学的 SWH-CDIO-E 能力大纲,明确能力培养目标,并据此进行课程体系设计。分析各能力指标的达成与相关知识基础和场所支撑的逻辑关系,搭建"四大能力"平台;将每一具体能力指标的培养落实到相应的课程和课外活动中,确保能力形成有必要的课程支撑;同时围绕能力培养目标进行课程整合和课程开发,避免课程内容重复或偏离培养目标。

所谓开放性,是要求知识教育体系具有一定的弹性调节机制。可采用模块化等编制方式,将相关知识与能力按照内在逻辑联系编成相对独立的单元,通过变换模块组合、局部更新等方式,对社会经济的发展、科技的进步与产业的转型升级做出及时应对。模块化的编制结构,既适用于课程体系设计,也适用于某门课程的教学内容组织。为增强模块化结构的整体性和逻辑序化,应建立课程体系鱼骨图,按照能力形成规律,明确模块之间、课程之间的先后顺序和关联,以便提供完整的 CDIO 工程教育背景。

整体优化则是要实现三个方面的协调:一是社会需求、学生现有水平与教学目标之间的协调关系,人才培养以学生现有水平为起点,以符合社会需求为终点,连接起点和终点的培养路径就是教学目标的实现。二是知识、能力与素质之间的相互促进和结构平衡,知识的掌握促进能力的提升,而能力的提升又促进学生整体素质的提高,以形成一种良性循环发展的过程。三是知识模块之间的关系,在服从统一目标的基础上发挥各自作用。应精心选取各级项目(课程),明确项目(课程)与专业能力大纲的结合点,绘制项目(课程)能力矩阵,重构教学内容,确保项目(课程)教学目标能支撑专业培养目标的实现。

(2) 能力取向的知识传授。

能力取向的知识传授,应以能力为目标、项目(任务)为主线、学生为中心，创设鼓励学生主动参与、团队协作、系统运用、探索创新的学习环境，培养学生获取知识的能力、运用知识的能力、团队合作与沟通交流的能力，在课堂教学中融入做人做事教育，切实将"知识课堂"转变为"能力课堂"。

在以能力为目标的教学中，教师应摒弃"向学生传授知识"的观念，而转为"培养学生的自主学习能力"。所谓自主学习能力是指获取知识、应用知识、独立提出、分析并解决问题的能力。一般可采用项目教学法、案例教学法、行为导向教学法、模拟教学法、现场教学法、混合式教学法等。

在以项目（任务）为主线的教学活动中，教学内容以教学项目形式进行整合，按照工作过程和实践逻辑进行序化，提供一种真实的工程环境。学生从被动地授受知识，转变为在教师的指导下独立完成或者小组合作完成项目任务，不但需要掌握知识，更重要的是应用知识解决问题的能力，以及团队合作与沟通交流的能力。

在"以学生为中心"的教学模式中，教师的角色发生了转换，从"以教师为中心"的教学模式下所充当的"大包大揽者""布道者"及"演讲者"，转换为有利于突出学生中心地位的"课堂语言实践活动的组织者""学生学习时的引导者""使学生参加活动的鼓舞者""学生语言活动的评价者"，甚至是"教学活动的平等参与者"。

（3）能力取向的教材设计。

能力取向知识教育体系的实施，需要摒弃传统学科体系组织、理论与实践分离的教材，以开发能力取向的教材为保障。

项目化教材，是项目教学法的配套教材，以学生应用能力为取向重新构建教材的结构。项目化教材整体结构设计的主要任务是项目的选择和设计，处理好项目之间的关系、理论知识与实践知识的逻辑关系。项目之间逻辑关系的设计有三种模式：一是递进型模式，项目按照学习的难度顺序渐进；二是流程型模式，项目按照先后逻辑关系依次进行；三是并列型模式，可用于学习难度相当、项目之间不存在明显逻辑关系但有一些共同属性的项目上。项目化教材的呈现可分为三类：可以是项目一、项目二、项目三……属于完全按照项目化教学的模式组织教材；可以是第一章、第二章、第三章……项目一、项目二……属于部分课程内容采用项目式教学；可以是第一章、项目一、项目二、项目三……第二章、项目一、项目二、项目三……属于在每个章节或联系性较强的知识区域的教学告一段落后，增加项目式的实训，是对前一部分知识的复习巩固与综合运用。

"任务驱动型"教材是一种"教"和"学"的共同材料,注重教材与学习主体的内在联系,把"教程"转变为"学程"。"任务驱动"型教材一般采用探究式的教学模式,其开发思路可以遵循以下三点:第一,以任务为引领,以任务导向设计较为完善的学习任务驱动程序,让学生在任务中学习知识,发展能力;第二,先进性和适用性,以主流产品或为最新产品驱动,以新知识、新工具、新技能为学习对象;第三,以案例教学为主,并按照实际的工作任务、工作过程组织教学内容,增强学生适应岗位工作环境和解决实际问题的能力。

(4) 能力取向的知识学习。

能力取向的知识学习,采用行动导向的学习理念,强调学习方式从接受式转变为建构式,不是由教师将现成知识传递给学生,而是由学生面对新的事物时,主动地以个体先前的经验为基础去建构知识,把被动的、接受的、封闭的学习方式转变为主动的、发现的、合作的学习方式,要求学习者实现三个转变。

一是学习态度由被动转为主动。学习是个体主动建构的过程,教师要努力创造能发挥学生主动性的学习环境和学习资源条件,努力实现个性化教学;学生应该学会根据自己的需求确定学习目标,选择学习进度、学习资源和学习方法,并评价自己的学习成果。二是学习方法由个体转为合作。学习是一个社会交往的过程,不仅需要个体的经验,还需要学习者之间的观察与模仿。自我认知、观察、仿效循环往复,使学习成为连续的社会化进程。要尽可能地采用小组学习方式,每个小组成员都要积极承担在完成共同学习任务中个人的责任;每个人都要热情地相互支持、相互理解、相互配合,特别要保持面对面的促进性的互动,提高沟通能力。三是学习目的由学习知识转为学会学习。在信息社会终身教育的背景下,教师不可能、也没必要把浩如烟海且很快过时的知识都教给学生,最重要的是帮助学生学会如何学习。学会学习首先要求学生知道怎样学会,分析自己的能力通过什么途径形成。其次,还要学会创新性学习,通过学习提高自己发现、吸收新知识、新信息和提出新问题的能力,以迎接和应对未来社会发生的日新月异的变化。

(5) 能力取向的知识评价。

能力取向的知识评价,应以能力本位的标准来进行。能力取向的知识评

价提倡"知识+技能+态度"(KSA)三位一体考核,具有以下四个特点:

一是评价主体的多元化。学生不仅需要接受教师的反馈和评价,也接受来自同伴、合作者、他人的评价意见,同时还突出学生对自身的知识学习过程与结果的反思性评价。二是评价标准的实用性。评价要以"实用"为标准,或者说,在评价标准上要突出"实用"性。"实用"意味着,学生的学习成绩,应匹配其灵活运用知识分析和应对实际问题的能力,尽量对接职业岗位的评价标准。三是评价内容的多元化。评价所注重的不是学生对各门学科中知识点的熟读记诵、迅速再现或是解题技巧,而是学生能够灵活运用所学知识去解决实际问题的能力;同时,解决问题过程中所表现出来的思维品质、态度与习惯,以及与他人的交流、沟通、协作等都应纳入评价之中。四是评价形成的过程化。要特别关注发展性的形成性评价,在学生运用知识解决实际问题的过程中,对其发现问题、分析问题、利用各种资源创造性地设计问题解决方案、通过具体行动实施方案、根据反馈信息及时调整方案等一系列过程,及时形成多元化的评价并反馈给学生,以便调整学习过程和学习方式,促进学习目标的达成。

3.2.2 实践导向的全程能力训练与测评体系

能力的形成离不开反复的实践,必须在一定的知识、经验和技能的积累基础之上,经过长期而系统的训练逐渐形成。因此,对实现高素质应用型人才培养目标而言,构建以实践为导向的全程能力训练与测评认证体系,就显得十分重要。从一定意义上讲,专业人才的教育及培养过程,可以理解为能力的目标解析—过程训练—测评认证的过程。即在"四大能力"平台的框架下,各专业进行"能力指标·训练项目·测评标准"一体化设计,形成《全程能力培养与认证体系实施方案》,制定各二级能力指标的训练项目、拟达到的标准,每学期选择1~2个能力项目进行测评认证。全学程能力项目通过后,由学校教务处颁发能力证书。

(1)"全程能力训练与测评认证"体系表。

如何构建实践导向的全程能力训练与测评认证体系?首先应根据"四大能力"平台体系表中各专业的二级能力指标,进行分层、分类和提炼分析,通过课程重组、课堂重建等方式,设计典型的能力训练(测评)项目,同时拟订测评标准,以用于指导教学实施和学生能力评价。为保证全程能力培养不断线,一般宜安排每个学期选择1~2个能力项目进行测评认证。

需要说明的是,"全程能力训练与测评认证"体系表中并不需要针对"四大能力"平台体系表中全部二级能力指标一一对应给出训练测评项目。这是因为构建测评体系应遵循"易测评、有标准、可包容"的原则。易测评,指测评项目符合工程应用实际,能体现要测评的能力指标,具备实施可行性。有标准,指有国家标准、行业标准、地方标准可参考,或者能够依据工作要求校企共同开发编制相应测评标准。可包容,指多项二级能力指标可以在一个测评项目中完成的,可以整合在一起测评;另外,因高标准包含低标准的内容,故可以用高等级的综合测评标准和项目实施测评,低等级的项目则不再单独实施。

按照"全程能力训练与测评认证"思路,学生毕业时只要符合条件,可以获取3本证书,毕业证书+学位证书+能力证书,分别作为对其学习经历、学术水平及能力水平的认可。能力证书由学校颁发,记录学生在校期间完成的各项能力测评(认证)等级,可以在一定程度上帮助学生对自己各方面的能力进行客观评价,也可以供用人单位在选择合适人才时进行参考。"全程能力训练与测评认证"体系搭建示例如表3.5所示。

表3.5 电气工程及自动化专业"全程能力训练与测评认证"体系表

学期	能力指标		训练(认证)项目	拟达到的认证标准
1~8	软技能	职业核心能力	CVCC项目(团队合作、职业沟通、创新创业、自我管理模块)	团队合作、职业沟通校合格标准
1~4	硬技能	工程基础能力	计算机应用、英语应用项目	全国计算机等级考试二级、英语CET-4
2~5		专业基本能力	电气制图、中级维修电工项目	维修电工国家职业技能中级工认证标准、全国CAD技能等级考试一级证书或BIM工程师资质认证标准
6~8		专业综合能力	电气运行值班、进网作业高压试验、进网作业继电保护、电气一二次设计项目	进网作业高压电工认证、进网作业特种电工高压试验工认证、进网作业特种电工继电保护工认证标准、电气一二次设计校内自定标准

(2) 职业核心能力（软技能）训练与测评。

《教育部关于全面提高高等职业教育教学质量的若干意见》（教高〔2016〕16号）指出，要"教育学生树立终身学习理念，提高学习能力，学会交流沟通和团队协作"，并在办学水平评估指标体系中要求测评学生的"语言文字表达和合作协调能力"。

然而职业核心能力的表现往往不如专业技能那么直接，成长过程也不如专业知识和技能那么快速。职业核心能力的获得更需要养成和习得，需要知行合一的训练，需要在实践中一贯运用，绝不是单靠培训和讲座灌输以"鱼"就行，而是要在实践中授之以"渔"。为此，通过创新以能力为导向的人才培养模式、专门开设"大学生核心能力提升"导论课程、实施项目制的课堂教学改革、组织职业核心能力水平认证测试等多管齐下，探索"概念导入—融渗培养—测评认证"的职业核心能力全程融渗培养路径，形成职业核心能力长效养成机制，具体内容单独另述。

这个养成机制也反映在表3.1中，即职业核心能力（软技能）的培养还要融渗在工程基础能力、专业基本能力及专业综合能力三个平台中，实现全过程渗透培养。一方面，在项目教学中持续实施软技能与硬技能的并重培养，为学生不断提供锻炼机会，搭建职业核心能力养成平台。另一方面，学生在专业课程中的团队项目完成情况，也可以作为职业核心能力认证时过程测评包的项目实施举证。职业核心能力的测评认证，一般宜安排在第6~7学期进行。

(3) 工程基础能力训练与测评。

工程基础能力中分别针对计算机和英语应用能力提出测评项目和标准，分别依据国家计算机二级和英语四级要求，测评为国家统一考试，学生每学期均可报名参加。其能力的训练主要依赖于计算机课程、英语课程的设置，以及在课程中开展能力本位的课堂教学改革。当然，这些都是基础能力，在后续的专业基础课程项目和专业课程项目当中也会有相应的应用实践。

其他关于数学应用、实验、工程实践基础等能力要求，一般均会体现在后续的专业能力测评项目中，此处不单独做测评项目。

(4) 专业基础能力训练与测评。

专业基本能力的训练与测评项目，是由专业群的要求决定，多以国家职业资格或行业标准为参考测评标准，一般宜在相应课程训练结束后开展测评认证。

(5) 专业综合能力训练与测评。

专业综合能力的训练与测评项目,是由具体专业方向的岗位要求决定,应以国家职业资格或行业标准为参考测评标准,没有标准的应该由校企合作共同制定适宜的认证标准,一般应在综合能力涉及的全部课程训练结束后开展测评认证。

(6) 全程能力测评实施方案与测评系统。

为保证各专业全程能力测评工作的顺利开展,学校指导各专业编写《全程能力培养与测评认证体系实施方案》,明确组织机构、测评标准、测评流程,以及能力证书颁发等具体工作实施要求。

"全程能力训练与测评认证"贯穿人才培养全过程,对接行业标准的测评项目往往既有理论考核,又有实操考核。其中,理论考核由于知识涵盖面广、跨课程跨学期、不宜用传统的单科试卷进行简单考查等特点,经常涉及多位老师多门课程。而实操考核,因其操作性强、持续时间长的特点,也经常涉及多位老师共同指导、分组指导。因此,建议在学校顶层设计的基础上,共同开发维护全程能力测评系统,利用系统平台进行能力测评认证,以减轻因能力测评认证增加的巨大工作量,同时规范能力测评的过程管理。电气工程及自动化专业"全程能力测评系统"如图 3.1 所示。

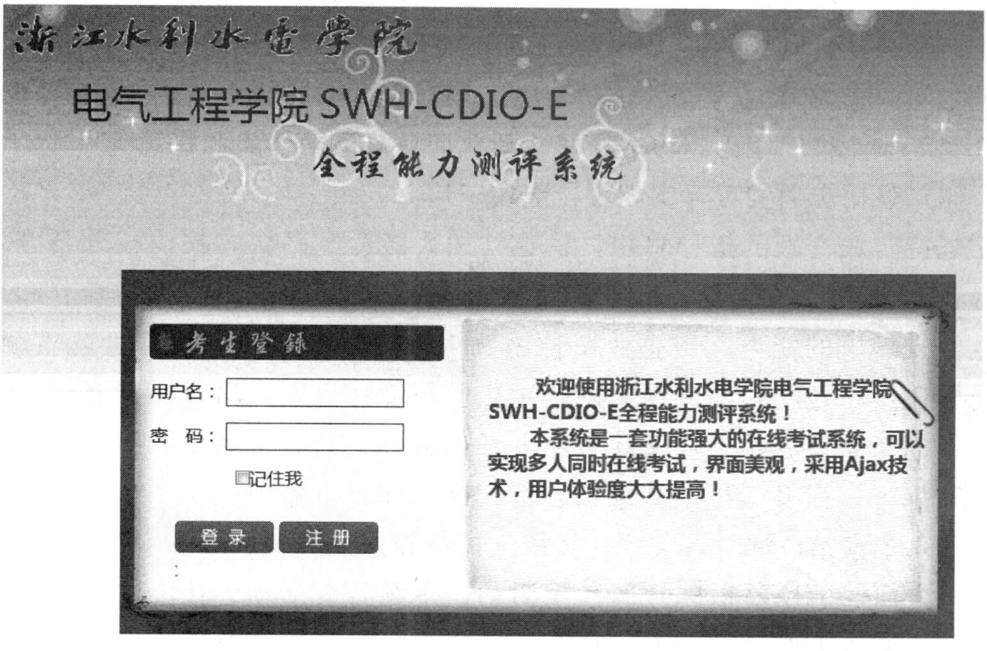

图 3.1 电气工程及自动化专业"全程能力测评系统"

3.2.3 素质取向的软技能养成教育体系

建立"概念导入—融渗培养—测评认证"的软技能长效养成机制，即：通过软技能相关培训，提高教师的教育教学能力；开设"大学生核心能力提升"（团队合作、创新创业、做人做事等）软技能相关课程；改革课程教学模式，将软技能融入第一课堂培养；丰富第二课堂，实现软技能延伸培养；开展软技能测评认证，实现软技能显性度量。

（1）融入专业教育，实现软技能全程培养。

显性、隐性结合，将软技能培养目标纳入人才培养实施方案。显性培养，即将"大学生核心能力提升""浙江特色水教育"等作为职业核心能力导论系列课程单独开设。重点是通过课程教学方法的深入研究和持续改进，切实增强课程教学效果，为后续职业核心能力的养成提供思想保障和方法保障。隐性培养，即是将职业核心能力分解，并对号入座各有侧重地纳入课程培养目标中，并在课程标准中明确显示软技能培养目标及实现方法，将软技能培养全程渗透到专业教育中。

（2）推行课堂教学改革，实现软技能渗透培养。

大力推行项目制、教学做一体等以学生为主体的行动导向教学法，倡导合作性学习，让学生在完成学习行动和项目任务的过程中，在教师的引导、学生之间的影响和自身的领悟中，实现团队协作、沟通交流、自我管理、创新应变等职业核心能力的渗透培养，形成职业素质的体验和提高。

（3）强化实训实习，实现软技能实践培养。

坚持实践育人的指导思想，搭建"四大能力"平台，校内校外结合，学校企业结合，尽可能让学生更多地置身真实职场环境，在实践中培养和检验学生做人做事的能力。用企业精神激励人，培养学生遵守纪律、吃苦耐劳、爱岗敬业、一丝不苟的工作态度；用企业环境哺育人，培育质量意识、安全意识、创新意识；用企业文化熏陶人，塑造学生品德、品质和品格；用企业经历锻炼人，提升学生团队意识、合作意识和竞争意识。

（4）丰富第二课堂，实现软技能立体培养。

一方面，学校要积极开展社团活动、主题教育活动、社会实践等第二课堂活动，通过扩展活动资源、加强活动指导、设置素质拓展学分等方式，构建一个有利于学生素质养成的立体教育环境。另一方面，鼓励将第一课堂项目向第二课堂延展，丰富第二课堂内涵，形成教育自觉。如将"实验、实训、实习"与"社会实践、志愿服务"等活动相结合，将"创新设计、研讨课程"等与"学科竞赛、学术科技节"等活动相结合，将"人文艺术"类课程与"文艺演出、文学创作"等活动相结合。

（5）提升教育教学能力，实现软技能全员培养。

要实现素质教育的全程、渗透、实践、立体培养，必须鼓励教师和职员参加基于核心能力的课程改革培训，必须改革传统的教学模式，提升教师基于体验式教学、研究式教学、项目制教学、翻转课堂等的驾驭能力。只有教师在教育理念上重视了，在教学手段上落实了，在教学能力上保障了，才能保证课堂的教书育人效果，从而实现素质教育全程培养不断线。只有职员了解了基于核心能力的课程改革思路，才能更好地支持和保障教学改革，营造良好的育人环境，不断提高工作能力和管理水平，言传身教，实现管理育人、服务育人、环境育人、全员育人。

（6）实施多元评价，将软技能培养目标纳入课程考核。

评价始终是行为的指挥棒。为此，要切实改革课程的评价方式，实施发展性、过程性、形成性为基础的多元评价方式，把"重知识重技能轻素质"的评价内容逐渐引导到"知识技能态度"并重的道路上来，把"教师一言堂"的评价局面逐渐引导到"教师、学生、企业"共同参与的道路上来，从而有利于调动学生的主动性和积极性，实现知识、能力、素质一体化培养的目标。

（7）开展职业核心能力认证，实现软技能显性度量。

为更好地促进学生的素质培养，需要对学生的软技能作出客观评价，同时有利于凸显学生的就业软实力，增强学生的综合竞争力。学校在引进教育部高校毕业生就业协会核心能力分会主持的全国职业核心能力认证项目（CVCC项目）基础上，建立职业核心能力测评站，组织学生在经历一段时期的软技能养成教育后，开展职业核心能力的测评。

职业核心能力全程融渗培养的具体实施路径如图3.2所示。

实施SWH-CDIO-E工程教育模式，需要各专业构建并落实"三个体系"，包括能力取向的知识教育体系、实践导向的全程能力训练与测评体系、素质取向的软技能养成教育体系，以对全体教师及学生进行思想统一和教学

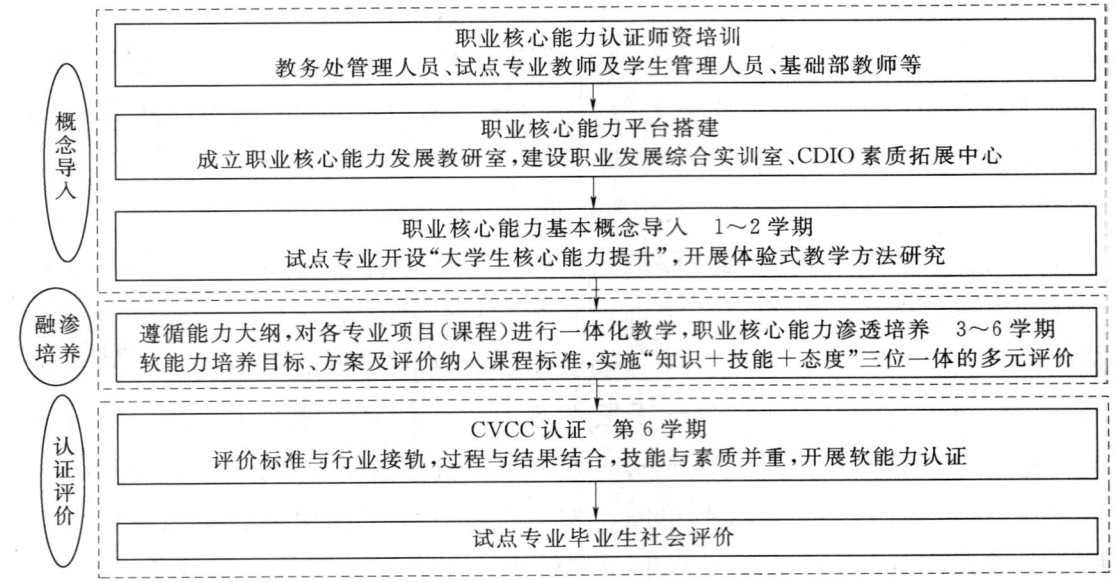

图 3.2 职业核心能力全程融渗培养路径

指导,保证"四大能力"平台的框架设计能得以落实。

3.3 改革课堂教学模式

课堂教学,是最为广泛采用的教学形式,是指一种目标明确、按计划、有组织、有步骤的教师教与学生学相结合的双边活动,也称"班级上课制"。

课堂教学模式,指教师在课堂上针对学生学习而使用的教学方法。SWH-CDIO-E 工程教育模式改革的蓝图能否真正得以实施,关键在于课堂教学的效果实现,能否构建高效课堂。所谓高效课堂,应该是学生主动学习、积极思考的课堂,是学生充分自主学习的课堂,是师生互动、生生互动的课堂,是学生对所学内容主动实现意义建构的课堂。

课堂教学模式包括五个因素:理论依据、教学目标、操作程序、实现条件、教学评价。先进的教学模式表现出两个特点:由以"教"为主转向以"学"为主,充分利用现代化教学技术。实施能力取向的知识教育体系,构建高效课堂,这里重点介绍项目制教学模式、混合式教学模式及三位一体考核评价。

3.3.1　项目制教学模式（project based learning，PBL）

项目制教学模式，又称基于项目的学习（PBL），核心是"以项目为主线、教师为主导、学生为主体"，创设鼓励学生主动参与、团队协作、系统运用、探索创新的学习环境，培养学生获取知识的能力、运用知识的能力、团队合作与沟通交流的能力，在知识教学中融入做人做事教育。实施项目制教学模式的具体要求如下。

（1）以能力培养为目标。

服务专业人才培养目标，项目制教学模式以学生的职业能力与职业素养形成为价值取向，学生通过项目训练获得专业知识、能力、职业态度与情感。

（2）以项目为主线组织教学内容。

要求打破传统的知识体系和学科体系，教学内容以教学项目形式进行整合，按照工作过程和实践逻辑进行序化。教学项目一般以解决典型职场问题为项目内容，项目选取要具备代表性、可操作性和实用性。根据课程实际，一门课程可以设多个并行项目，或者在一个课程总项目下对应设计多个子项目，或者两种形式相结合。

（3）以小组活动为主要组织形式。

主张呈现以教师为主导、以学生为主体的教学场景，实现以学生个体为主、项目团队小组为主的教学组织形式。在项目实施中，可综合运用任务驱动、小组展示、头脑风暴、案例分析等教学方法，师生共同参与，引导学生主动学习。

（4）教学成果以作品衡量。

作品是综合体现学生能力与知识的最佳外在形式，也是对项目制教学效果的有效检验。完整的项目制教学模式包括"项目构思—项目设计—项目实施—项目评估"四大步骤，整个教学过程最终指向让学生获得一个具有实际价值的产品或服务。

（5）采用"知识＋技能＋态度"三位一体考核方式。

终结性评价与形成性评价结合，结果评价与过程评价并重，以职场项目的质量标准和行动要求为考核依据，体现"知识＋技能＋态度"的全面考核要求，采用互评、自评、教师评价、企业评价等多元评价主体，包括笔试、操作、口试、观察、汇报、答辩等多元评价形式。

(6) 建立"双师结构"的教学团队。

项目制教学团队,一般至少由 3 名教师组成,其中专职教师应具备"双师素质",企业专家至少 1 名,共同完成项目设计、教学实施和建设任务。

(7) 选用合适的项目教材。

选用已经出版的优秀项目制教材,鼓励自编出版适用于项目制教学模式的教材、活动指导手册及题库集,也可以根据教学实际需要,编制项目制教学讲义、练习册、活动册、技能操作题库等。

浙江水利水电学院作为一所应用型本科院校,自 2014 年开始积极推行项目制教学模式,取得显著成效。截至 2017 年 12 月,经学校认定合格的项目制课程 89 门。

3.3.2 翻转课堂与混合式教学模式

建构主义学习观认为,教学是一种以培养学生自主学习能力为目标的活动。所谓自主学习能力,是指获取知识、应用知识、独立提出、分析并解决问题的能力,是一种让学生自己负责的学习方式。因此,教师要努力创造能发挥学生主动性的学习环境和学习资源条件,努力实现个性化教学;学生应该学会根据自己的需求确定学习目标,选择学习进度、学习资源和学习方法,并评价自己的学习成果。

随着翻转课堂、混合式教学模式的出现,建构主义的学习理念得到了广泛而深入的应用。所谓混合学习(blended learning),是在线学习与面对面学习相结合的一种学习方式。翻转课堂(flipped classroom),又称颠倒教室、翻转学习等,是指学生在课前利用教师分发的数字材料(音视频、电子教材等)自主学习课程,在课堂上参与同伴和老师的互动活动(释疑、解惑、探究等)并完成练习的一种教学形态。显然,翻转课堂是一种以学生为中心的、混合式教学模式。

(1) 翻转课堂的优势。

翻转先驱乔纳森·伯格曼和亚伦·萨姆斯总结了翻转课堂的优势[13-14]:翻转教学具有巨大的灵活性,可以帮助繁忙的学生利用好碎片化的时间,平衡好学习、工作与社交的关系;帮助学习有困难的学生重复视频学习,直到听懂为止;改变了课堂管理,增加课堂互动,将课堂时间用作师生之间、生生之间的交流,和发展合作小组;能实现学生个性化学习、差异化教学,让学生按自己的节奏学习；让教师有更多的时间与学生相处，更了解学生，包括学习和生活。

（2）翻转课堂的范式。

翻转课堂的典型范式有 5 种[13-14]。①经典的林地公园高中模型：把观看在线教学讲座视频作为家庭作业，把本该是家庭作业的练习题放到课堂上完成，并加入探究活动和实验室任务。②可罕学院模型：开发了广受欢迎的教学视频和课堂练习系统，课堂练习系统能快速捕捉到学生被问题卡住，教师能及时施加援手进行帮助；同时还引入了游戏化学习机制，对学业表现好的学生给予徽章奖励。③河畔联合学区模型：以融合了丰富媒体材料的数字化互动教材为特色，还结合了笔记、交流与分享功能，吸引学生沉浸其中。④哈佛大学模型：学生在课前，通过看视频、听播客、阅读文章或调动自己原有知识思考问题来做准备；然后要求学生反映出所学到的知识、组织问题和提出不懂的地方。接下来，学生登录到社交网站，发表他们的提问。而教师则要对各种问题进行组织整理，有针对性地开发教学设计和课堂学习材料，而不准备学生已经明白的内容。在课堂上，教师采用苏格拉底式的教学方法，学生提出质疑和难点，并相互协作共同回答质疑或解决难题。教师的作用是聆听对话和参与到有需要的个人和小组中。⑤斯坦福大学模型：讲座视频强调互动，大约每 15 分钟，在线讲座就会弹出一个小测验以检验学生掌握的情况。同时，增加社交媒体的元素，允许学生互相之间提问，"共同学习"。⑥翻转课堂与项目制教学（PBL）结合。PBL 是由项目和任务驱动学生去发现探索现实世界的学习方式，不过这个过程需要他们有相应的知识储备。结合翻转课堂，可以在课前让学生通过视频学习完成知识储备，课堂上则可以直接开始项目实施，或者交流互动。

（3）翻转课堂的实施要点。

要成功实施翻转课堂教学，应注意以下几个要点。①周全的课程设计：把每周的教学目标、测评方法、教学内容、课堂教学活动、课后教学活动一一罗列，然后以恰当的方式去组合。这种设计，必须是一种反向设计（backward design），亦即首先明确教学目标，以及怎样才算达到目标（测评方式），再据此设计教学内容[15]。②适用的在线教学资源：可以是教师按照教学目标和教学设计思路自行录制，也可以是引进其他学校或教师的优质资源，但必须符合本校本专业本课程的教学目标定位。③高效的"翻转"平台：微信、微博也许能做"翻转"内容的发布，但不便于教育测试和成绩管理。高效的翻转平台，应是中国大学 MOOC、学堂在线、爱课程等大型网络课程平台或学校建设的网络课程平台。平台对于全校学生是统一的，便于学生登录，便于老师发布内容，也便于收集教学数据。④灵活选择翻转模式：没有一种模式能适合所有老师、所有课程全部内容，传统的课堂讲授、部分翻转课堂和完全翻转课堂，都有用武之地。同样是翻转，有的老师课堂上组织小组讨论，有的老师课堂上评论作业，有的老师让学生动手完成一些项目。唯一要坚持遵循的，是将适合自己、适合自己课堂的教学元素最为合理地搭配。

3.3.3 "知识+技能+态度"（KSA）三位一体考核

改革完善学生学业评价办法，实施"知识+技能+态度"（KSA）三位一体课程考核改革，有利于树立"在知识、技能和态度三要素中，态度最重要"的理念，有利于推动教师教学内容和方法的改革，有利于以学生为主的课堂教学组织，有利于知识课堂向能力课堂转变，是能力取向的知识教育体系实施效果的重要体现。

实施"知识+技能+态度"三位一体课程考核改革，应制定并执行"知识+技能+态度"的综合考核方案，既考又评，以考促学。应采用教师评价、学生自评、学生互评等多元化的评价主体。课程考核结论由三部分组成：学习态度评价（F_a）；综合技能评定（F_s）；综合知识测试（F_k）。课程总评成绩 F_c 由三部分成绩加权汇总得出，$F_c = F_s K_s + F_a K_a + F_k K_k$（$K_s$、$K_a$、$K_k$ 分别为综合技能、学习态度、综合知识的权重系数）。根据课程性质不同，一般可取 $K_s = 0.3 \sim 0.5$，$K_a = 0.2$，$K_k = 0.3 \sim 0.5$。

（1）知识考核。

知识的考核主要包括基本概念、基本理论和基本知识。结合教学目标，围绕教学重点、难点，可采用综合（单元）测试、小测验、设计答辩、考试（期中考试、期末考试）等多种考核方式，考查学生对该知识模块的掌握情况。对于项目制教学，应按教学项目或子项目组织过程考核，如采用理论考试、机考等考核时，要按不同项目的内容合理布局试卷的深广度、难易度、区分度，合理设置题型并完成组卷，强化对能力取向知识的理解和掌握。

（2）技能考核。

与能力培养目标相适应，根据教学目标，在进行知识考核基础上，制定技能考核标准，突出学生实践能力、创新能力和解决问题能力的考核。学生技能考核可通过大型作业、现场技能操作、上机操作、实验测试、作品（产品）设计、作品制作、专题调研报告、写论文、学科技能竞赛等形式来考查评价。要求采用任课教师、同行教师、行业企业专家及学生共同参与的考核模式，提高技能考核结果的真实性、全面性。也可采用试卷考核，但要注意必须围绕知识、技能、态度进行全方位考查。

（3）学习态度考核。

必须加强学习态度考核，基于全人发展理念，根据学生在学习过程中的出勤情况、课堂表现、作业情况及沟通交流、合作意识等设计评价指标，全面关注学生学习状况，及时发现学生的优缺点，引导学生个性发展，培养其端正的学习态度、工作态度以及全面的职业素养，激发其学习动机及主动探索与求实精神。

浙江水利水电学院自2014年开始推行"知识＋技能＋态度"（KSA）三位一体课程考核改革以来，受到广大教师和学生的欢迎，取得明显成效。截至2017年12月，经学校认定合格的"知识＋技能＋态度"（KSA）三位一体考核课程达234门。

通过推行项目制教学、混合式教学等先进的课堂教学模式，实施"知识＋技能＋态度"（KSA）三位一体考核方式，打造"以学生为中心"的高效课堂，落实能力导向的知识教育体系。

本 章 小 结

本章主要从实施层面阐述工程类专业如何落实SWH－CDIO－E工程教育模式。搭建"四大能力"平台，将专业能力培养目标与课程设置及实践场所进行一一对应，是对专业实施SWH－CDIO－E模式进行宏观构思；构建"三个体系"，从知识教育体系、能力训练与测评体系、软技能养成教育体系三方面对全体师生形成统一思想和行动指导，是对专业实施SWH－CDIO－E模式进行中观设计；改革课堂教学，推广项目制教学、翻转课堂等混合式教学和"知识＋技能＋态度"（KSA）三位一体考核，打造高效课堂，则是对专业实施SWH－CDIO－E模式进行微观落实。

第4章 SWH–CDIO–E 工程教育模式保障

根据软硬技能兼备的应用型人才培养目标,搭建"四大能力"平台,对能力、课程、场所进行一体化设计,并构建"三个体系",落实全程软硬技能并重培养。同时,应加强制度建设与教学文化建设,提高教师教育教学能力,建设开放的一体化实践场所,建设共享型教学资源库,加强教学质量管理与过程监控,积极收集来自于教师、学生、校友和行业企业专家等广大利益相关者的信息反馈,根据社会对人才的需求适时对人才培养目标及教学设计进行调整,从而形成 SWH–CDIO–E 工程教育模式持续改进的良好机制。

4.1 制度建设与教学文化

SWH–CDIO–E 工程教育模式是对传统人才培养模式的革命性颠覆,需要全体教师、学生及管理者的共同努力,其顺利实施既需要规范引导、统一方向,也需要氛围营造、形成自觉。制度和文化是两个有效手段。比较而言,制度是偏刚性的、外加的、显性的规范和引导,而教学文化则是偏柔性的、内在的、隐性的约束和影响。

4.1.1 教学管理制度

制度因其高度的指导性和约束性、规范性和程序性、鞭策性和激励性,在各种组织集体协作行为的管理中发挥着极其重要的作用。实行依法治校的一个重要保障,就是完善各项管理制度。其中,教学管理制度主要指在教学系统中,要求教师、学生和管理人员等共同遵守、并按一定程序活动的准则和规范。

教学管理制度涵盖人才选拔和培养的全过程,使高校办学理念转化为教育相关者的行动落实,保障教学活动的顺利展开和高效运行,同时也是教学质量保障的重要手段。该制度具体有以下四方面作用：①规范教学主体的行为，具有行为导向的作用；②整合优化资源配置，保障教育系统持续运行；③引导教学特色发展方向，激励教师教学投入；④继承传递优秀的管理文化和制度成果[16]。

规范和保障 SWH-CDIO-E 工程教育模式的实施，必须基于 SWH-CDIO-E 的先进理念，完善、创新配套的教学管理制度，主要遵循以下几点。

（1）结合 SWH-CDIO-E 九条标准，覆盖全过程。

在学校基本的运行管理、实践教学管理、质量监控和基本建设管理制度的基础上，对照 SWH-CDIO-E 九条标准进行制度完善，让 SWH-CDIO-E 工程教育模式的实施有规可依、有方可循。例如，SWH-CDIO-E 工程教育模式要求制订知识与能力一体化的培养方案、搭建"四大能力"平台、构建全程能力训练与测评认证体系，则应重点突出人才培养方案的制订与管理、全程能力训练与测评认证方案等教学文件的规范。SWH-CDIO-E 工程教育模式要求以 SWH-CDIO-E 为基本环境，则应完善、制定实习实践、校企合作基地、企业学院等管理办法，提供良好的工程教育背景。又如，SWH-CDIO-E 工程教育模式要求推行项目制教学、改革学生学业考核，则应出台《项目制教学管理办法》《"知识+技能+态度"（KSA）三位一体课程考核管理办法》《翻转课堂教学模式实施管理办法》等，对教师采用新的教学模式予以引导、规范和激励。再如，SWH-CDIO-E 工程教育模式强调教师教学能力提高及专业人才培养目标达成评价，则相应建立、完善教师培养、双师双能、人才培养质量调查、专业评估等制度。

（2）完善二级管理。

SWH-CDIO-E 工程教育模式的改革涉及人才培养的方方面面，系统的复杂性需要制度体系具备较强的适应性。通过完善二级管理体制，适当下放权力重心，建立以院系为核心的教学管理组织体系和运行机制，赋予院系更多的教学自主权，更好地解决教育模式改革过程中碰到的各种难题。一方面，通过进一步完善校院（系）两级治理方式，充分赋予院（系）在制订人才培养方案、厘定教学内容、探索教育教学改革、开展教学督导、选聘专业教师、设置教学管理服务岗位、选择专业教材等方面的自主管理权，使院（系）真正成为主动作为、充满活力的教学实体。另一方面，各院（系）还应围绕专业教学工作，灵活设置并加强基层教学组织的管理，落实教研室、课程组、专业建设指导委员会、教学工作委员会和督导委员会的分工和职责，形成良好的自我发展、自我监控机制。

（3）加强民主机制。

制定 SWH-CDIO-E 工程教育模式改革相关的教学管理制度时，应该赋予教师、学生和行业企业等直接利益相关者更多的知情权和参与权。以学生为中心、以教师为根本、以行业企业为两翼的理念，在教学制度建设过程中要始终坚持并体现。在现阶段，一要特别强化行业企业、科研院所等多元主体，使其共同参与特色教学制度建设；二要充分尊重和汲取广大学生、二级学院基层教学组织、校级教学督导、教学研究等职能部门的谏言，集思广益，广开言路；三要健全重大教学决策的审议制度和听证制度，加强广大教师和学生的参与权和知情权，从而增强教学管理制度的科学性、实用性和全面性。

（4）加强教学研究与督导。

教学质量监控与评价是教学保障系统的重要组成部分。一方面，发挥教学过程中各监控主体如教学单位、教学督导、学生、教师、领导等的作用，建立有效的质量信息收集与反馈机制，对教学环节进行监控，促进教学质量提高。另一方面，要加强研究，成立教学改革与发展研究中心和校内教学评估机构，遴选组建具有多学科背景、多专业教学经验的专兼结合的专业化研究团队，深入开展教学改革研究，厘定教学质量检测标准，建立教学质量评估和监测的大数据库与信息系统平台，开发应用软件和监测工具，健全专业教学评估与监测的公示、公告、约谈、奖惩、限期整改和复查制度，促进专业建设持续改进。

4.1.2　教学文化

教学文化是在长期教学活动中形成的教学传统、思维方式、价值观念和行为习惯的类型或范式，是教学背景下师生的课堂生活方式[17]。广大教师和学生，都是受既有教学文化熏陶、影响的客体，同时也是改变、构建新的教学文化的主体。所以，营造好的教学文化，对教师和学生的成长和发展都特别重要，进而影响人才培养的效率和质量。

（1）什么是好的教学文化。

教学是师生双边或多边的课堂实践活动，其目标不仅是传递信息、促进知识增长、提高认知和能力，还包括陶冶情操、塑造态度、价值观和信念。

不同的态度、信念和价值观，会产生不同的教学文化。好的教学文化，能给予教师和学生双方积极的期望、热情的鼓励、强烈的责任感以及自我认同和新的创意，帮助学生发展积极的学习态度、价值观和自我概念。相反，坏的教学文化则无法唤起教师教学的兴趣和激情，教师体验到的是无奈、艰辛和挫折，而不是教育的成功、智慧和幸福；学生体验到的是枯燥、痛苦和失望，而不是求知的乐趣、成功的喜悦和关爱的情怀。

（2）以学生为中心的教学文化。

以学生为中心的教学文化，强调学生把自己的知识、技能、态度、情感、价值观带进课堂，并获得大家的关注和认同；而教师需要有意识地了解学生的家庭、文化背景、常用的语言等，并把这些信息结合到教学中（如讲述他们的故事，并设法与教学内容结合起来）。教师要意识到：学生从上学的那一天起，就把自己的需要、经验、信念、理解、思维方式、为人处世习惯以及其他文化特征带到课堂，教学的主要目标就是，引导学生通过课堂学习活动不断建构赋予自己意义的新知识、新技能、新思维和新习惯。以学生为中心的教学文化可以培养学生的探究精神、合作意识、归纳推理和解决问题的能力，有利于改善课堂管理而构建友好的师生关系，促进教师和学生获得成功体验，这显然是一种好的教学文化。

（3）学校倡导的教学文化。

为促进教师发展，提升学生软实力，浙江水利水电学院积极探索"挖掘课程文化、渗透课堂教学、实现以文化人"的教学文化建设。强调以学生为中心，注重软硬技能并重培养，树立在知识、技能和态度三要素中"态度"最重要的理念；形成对学生既强调"热心关爱"，又倡导"宽而不松""严而有格"的管理文化。

规范和引导 SWH-CDIO-E 工程教育模式的有效实施，外在方面，应结合 SWH-CDIO-E 九条标准，完善教学管理制度和二级管理体制；内在方面，应引导建立以学生为中心的教学文化，倡导"挖掘课程文化、软硬技能并重、实现以文化人"的教学文化。

4.2 教师教育教学能力提高

教师是保证 SWH-CDIO-E 工程教育模式顺利实施的关键因素。学科单

一、知识结构不够完善、实践能力欠缺、教学方式与教学思维落后的教师，将无法应对 SWH-CDIO-E 工程教育模式要求的复杂挑战。为此，应从教师个人能力和教学团队建设两方面，提高教师队伍的教育教学能力。

4.2.1 教师个人能力

要胜任 SWH-CDIO-E 工程教育模式的教学活动，教师应该从教育理念、教学技能、工程实践、科学研究等方面，转变教育思想，进行全面提升。具体要求如下。

（1）思想认同，形成教学能力提升自觉。

教师从事的是能影响别人一生的事业，教育人、培养人是教师最重要的使命，也是教师最重要的价值所在。高校教师能否实现其教育价值，与教师教学能力能否适应人才培养目标有很大关系。高校教师群体只有本着"为了学生更好的发展"的价值取向，才能将提升教育教学能力变成一种思想自觉、行动自觉、文化自觉，形成对"教学能力提高"的自我认同。首先有了良好的教学态度、教学热情，辅之以理论学习、技能训练和实践反思，教师才能不断提高自己的教学水平。

（2）学习先进教育理念，提升教学技能。

适应 SWH-CDIO-E 工程教育模式"软硬技能融合"的高素质应用型人才培养目标，教师必须加强相应教学理念及教学技能的学习和训练。一要补充完善教育学、认知心理学、学习科学甚至脑科学等方面的知识结构，掌握让学生动起来的学习活动设计，掌握更丰富的教学策略，让教学设计更有效；二要消化吸收 CDIO、OBE、以学生为中心、新工科等先进的教育理念，在教学活动中准确把握 SWH-CDIO-E 工程教育模式的内涵；三要积极参加项目教学法、翻转课堂等先进教学模式的学习和培训，积极参加校内外组织的教学观摩和研讨交流，提高以学生为中心的教学设计能力和课堂组织能力。在总体要求上，浙江水利水电学院提出教师教学"八项能力"和课堂教学"十六项修炼"，引导教师进行自我规范。教师"八项能力"，即：把握课程内容的能力、驾驭课堂的能力、语言表达的能力、专业技术的能力、教学研究的能力、科学研究的能力、心理疏导的能力、合作交往的能力。课堂教学"十六项修炼"，即备课技术做到"三备"：备学生、备教材、备教法；上课态度遵循"三心"：悉心、精心、倾心；讲课效果实现"五转变"：灌输课堂向互动课堂转变，封闭课堂向开放课堂转变，知识课堂向能力课堂转变，句号课堂向问号课堂转变，教师课堂向学生课堂转变；注意课堂教学细节"五个第一"：第一次上课、第一次批改作业、第一次答疑、第一次考试、第一次监考。

（3）提升工程实践能力，开展应用型课题研究。

SWH-CDIO-E工程教育模式强调将产品、过程和系统生命周期的开发与运用——构思、设计、实现、运行（CDIO）——作为工程教育的背景环境，具有高度的实践性、综合性和创新性。专业教师必须具备相当的工程实践能力，才能用工程视野去指导学生，为学生提供合适的工程案例，提升基于工程项目的教学能力。一方面，专业教师应经常性地参加企业实践锻炼或科技服务，在工程实践中更新专业知识，提升工程应用能力和业务水平。另一方面，鼓励专业教师积极深入企业，开展应用型和工程型科研课题的研究，参与产品的研发设计和技术改造，发现并解决工程实际问题。

4.2.2 教学团队建设

众所周知，团队建设具有目标导向功能、凝聚功能、激励功能和约束功能。加强教学团队建设，努力打造一支工程实践经验丰富、教学能力较强的教学团队，对于SWH-CDIO-E工程教育模式改革的顺利实施，可以起到事半功倍的效果。

（1）教学团队的组成。

基于共同的建设目标，将多名知识结构不同、特长各异的教师组建为一个教学团队，取长补短，加强交流，使其共同完成专业建设和教学任务，对于保证人才培养质量有非常重要的作用[18]。根据建设目标，教学团队可大可小，可以是为某一门课程服务的课程教学团队，或是实验教学团队，也可以是专业教学团队。

无论团队大小，都应以课程或专业为建设平台确立明确的发展目标，团队规模、结构应能适应建设目标，在教学改革与实践中形成良好的合作精神，最终实现团队的迅速成长。基于SWH-CDIO-E工程教育模式的实施和应用型人才的培养，要特别注意建立业务素质高、理论与实践强有力结合的应用型"双师结构"团队。

（2）"教学团队"的建设。

培养"双师结构"的教学团队，需要坚持内培与外引相结合，用好现有人才，引进急需人才，培养骨干人才。

所谓内培，即以学校专任教师的成长为着眼点，在校院两个层面出台有针对性的激励与考核政策，搭建个人和团队的成长平台，以教师的教学水平和工程能力提高为主要内容，让教师在教学实践和工程实践中锻炼和提高"双师素质"；遴选教学能力好、学术造诣深和合作能力强的高职称教师作为带头人，通过备课指导、听课评课、教学观摩、教学研讨和合作项目等，发挥优秀教师的传、帮、带作用。

所谓外引，一方面，需要加大来自行业企业的技术专家和高级技术人才的引进力度，充实"双师素质"的教师队伍。另一方面，大力加强兼职教师队伍的建设和管理，聘请行业企业中有丰富实践经验的专家和专业技术人员担任专业课程的兼职教师、专业建设指导委员会委员和企业导师，既有利于专业教育和课程教学与行业发展和工程实际对接，又可以将最新、最先进的专业技术、设备、工艺及时引入教学，同时还能让学生直接感受到企业专家的专业素养和职业情怀，可促进学生软硬技能的提高。

SWH-CDIO-E工程教育模式的有效实施，需要以教师的教育教学能力作为根本保障。一方面，要提升教师个人的教学水平和实践能力。另一方面，要努力打造"双师双能型"结构的教学团队，保障人才培养质量。

4.3 开放的一体化实践场所

实践场所是"四大能力"平台运行的条件支持和环境保障。为了实现基于项目教学的理论与实践一体化教学，需要配套提供理论实践一体化的教学条件和场所环境，在辅助知识学习的同时，辅助产品、过程和系统建造能力的培养及社会能力的学习。

4.3.1 一体化实践场所的建设内容与要求

一体化实践场所的建设依据和要求，来自于教师、学生、校友和行业企业专家等直接利益相关者。要彻底改变传统的理论教学与实践教学在空间和时间上分别进行的时空结构，将实验室、实训室与教室三者整合为一，按照职业性、实践性、开放性的要求，建成一体化的教学平台。

概括而言，一体化实践场所的设计有三个要素：一是强调动手学习，为学生提供专业仪器设备和训练实践场地；二是强调团队互动，创设仿真的工程环境和项目运行背景；三是方便易用，形成以学生为中心的开放运行模式。学生从中可以直接进行实践操作，获得实践体验；通过相互学习和团队互动，学习社会经验。

具体来讲，完整的项目教学要经历 C、D、I、O 四个阶段，这四个阶段对教学场所的要求是有一定区别的，要有对应满足四个阶段要求的场所环境[19]。

（1）构思阶段（conceive）。

为学生提供宽松、互动、方便交流的环境，以鼓励概念的形成和优化，使学生能够理解用户需求，构思新的产品、过程和系统。此阶段一般不需要配备大型制造设备，但最好有先进的多媒体教学设施和网络环境，配置大屏幕投影、摄像视投设备、无线话筒音响等设备。桌椅环境的布置非常重要，秧田形的固定桌椅是非常不可取的，最好是可移动的，根据需要进行灵活布局，方便组织大、中、小规模的交流和讨论。可以对现有教室、部分利用率不高的小实验室进行改造，也可以对现有大型实验室进行功能分区和环境布置，也可直接利用会议室，使其成为实践场所。

（2）设计阶段（design）。

为学生提供支持数字化设计和协作设计的环境，使学生能够将创意转化为设计方案，并方便相互交流。因此，需要配备适用的电脑、工具软件、实验设备以及畅通的网络环境。此阶段对实验室开放运行的要求非常高。因为思考是螺旋递进的，设计方案往往需要反复修改，会占用大量课余时间进行连续工作，甚至是在管理人员的休息时间。最好建设专门的创新设计实验室，或者对现有大型实验室进行功能规划、分区管理。

（3）实施阶段（implement）。

为学生提供建造小型、中型或大型的应用系统或产品的场所和设备条件。因此，需要配备专业的实验设备、适用的电脑及工具软件。因专业不同，实训项目不同，所需要的实验设备也不一样，但共同的要求是所有实验设备的数量都应充足，以满足全部学生动手实践的需求。另外，还应注意对专业的全部项目要求进行整体规划，对实验室功能进行整合，尽可能减少重复投入，以提高实验室的利用率。

(4) 运行阶段 (operate)。

为学生提供运行作品的环境,通过实验或仿真运行,对前三个阶段的成果进行运行检验,实现反思和系统改进,进一步加深对应用知识的理解,提高系统运行的综合能力和评估反馈的思维习惯。学生作品的运行环境,可以是实验室,也可以是模拟工程项目的真实操作环境,需要配备专业的实验设备、适用的电脑及工具软件。开放的一体化实践场所示例如图 4.1 所示。

图 4.1 开放的一体化实践场所示例

4.3.2 一体化实践场所的运行服务要求

一体化实践场所能否满足学生的使用要求,一方面取决于场地、环境及设备的适用性;另一方面也与场所的运行管理机制息息相关。

(1) 实验实训管理运行服务体系。

应从学院乃至学校层面，统筹建立以学生为中心的实验实训管理运行服务体系，从管理机构、人员配置、管理制度等方面进行实现。所谓以学生为中心，一方面，要实现实验室、实训室的开放运行，在保证安全的前提下，最大限度方便学生使用；另一方面，要统筹实验室资源，充分实现资源共享，为学生提供学科交叉创新的平台和团队。

(2) 信息化的实验教学支撑平台。

一体化实践场所要真正实现以学生为中心，信息化的实验教学支撑平台是非常关键的支撑。通过高度信息化的实验教学平台，为学生提供实践场所设备信息、课程表及预约功能，提供优秀的学习资源和实验项目管理功能，为学生提供迅速、方便的正向体验，促进学生的自主学习。好的实验教学平台，一般应包括以下子系统：实验室管理子系统、实验室预约开放子系统、实验教学子系统、仿真实验子系统和资源共享子系统。

(3) 教学师资队伍的建设。

一体化实践场所实现以学生为中心的开放运行，指导教师队伍是核心。除了建立结构合理的专职实验教师队伍外，要引导任课教师树立对实验教学指导工作的责任意识和使命感，以服务一体化教学的需要。其次，通过工程实践、学科技能竞赛、培训研讨、考察交流等活动，不断提高业务水平和工程实践能力，提高实验实践教学指导能力。

开放的一体化实践场所，以学生为中心，以易用、方便且具有互动性为目标，除了传统意义上实验实践场所的范畴，还包括了管理运行服务体系和实验教学支撑平台，软件与硬件结合，教学与管理结合，运行与服务结合，从而为软硬技能融合的应用型人才培养目标提供一体化的实验实践教学环境。

4.4　共享型教学资源平台建设

皮亚杰的建构主义学习理论认为，学习是个体主动建构的过程，知识不是只需教师传授就能得到，而是学生在一定的情境下，借助他人（包括教师和同学）的帮助，利用必要的学习资料，通过意义建构的方式而获得。当学生面对新的事物时，将主动地以个体先前的经验为基础，去加工、建构新知识。据此，实现高效教学的一个重要策略，就是以学生为中心，努力创造能发挥学生主动性的学习环境和学习资源条件。

4.4.1　共享型教学资源平台的意义

实施软硬技能并重培养的SWH-CDIO-E工程教育模式，需要构建能力导向的知识教育体系，广泛开展项目制教学、翻转课堂等以学生为中心的课堂教学改革。适应先学后教、自主学习、建构主义的教学理念，建立共享型教学资源，是顺利完成教学改革的必备条件。

(1) 创设主动学习的环境。

优秀的共享型教学资源平台，将有利于突破时间、空间等其他诸多方面因素的限制，为学生提供主动学习的学习环境，有计划地引导学生根据自己的需求确定学习目标，选择学习进度、学习资源和学习方法，并评价自己的学习成果。借助共享型教学资源平台创设的学习环境，可以增加学生课外学习的比重，为教师实施翻转课堂、项目制等教学模式置换出更多的课堂讨论、动手实践的时间，提高课堂学习效果。

(2) 提供主动学习的资源条件。

共享型教学资源平台能为学生提供教师系统设计、甄选并按特定教学目标精心组织的教学资源。课堂外，学生通过观看视频讲座、阅读电子书等教学资源，有计划地完成自主学习和知识储备；课堂内，则专注于基于项目的主动学习，共同研究解决问题，从而获得更深层次的理解，呈现高效课堂。

(3) 实现优质资源共享。

共享型教学资源平台能建立优质资源共享体系，有利于充分发挥教学团队的力量，共同打造优质教育资源。实现优质教育资源共享，能够极大地缓解优质教育资源不足的问题，让更多学生享受优秀的教育资源，让不擅长讲解的教师有更多时间在指导学生过程中实现其教育价值，从而加快提高整体教学质量和水平。同时，实现优质教育资源共享，还能够最大限度地发挥学校现有人力、物力、财力和信息资源的作用，避免办学资源重复配置，提高资源利用效率和办学效益。

4.4.2　共享型教学资源平台的总体要求

建设共享型教学资源平台，必须符合开放、共享、可扩展、先进、经济和高可靠性的原则，整合、开发校内各专业优质教学资源，吸纳行业共同参与，具有信息海量存储容量。优秀的共享型教学资源平台，既是一个设计科学、规范的大型共享型教学资源库,又是一个使用方便、快捷的信息公共管理平台,其具体要求如下。

1)满足学校对数字化校园建设及网络辅助教学、资源库建设与管理等方面的要求。以资源共享为目的,以服务师生为核心,集成资源分布式存储、资源管理、资源评价等功能,实现资源的快速上传、检索、归档;同时又能进行课程制作管理等,实现全校师生的网络教学资源的建设管理共享与应用。

2)对教师,能够提供一个简单、易用的课程建设平台,降低教师课程网站设计与开发的建设难度;提供成熟、稳定、易用、功能强大的教学支撑平台,满足教师教学设计、管理统计分析、课堂教学实时监控等需求,统计并记录学生课内、课外学习全过程。

3)对学生,能够提供一个性能稳定、功能强大的自主学习平台,提供学习资源、学习测试、学习交流、学习记录和反馈,为促进主动式、合作性、研究型自主学习提供线上环境。

4)接口开放。方便定制开发相应的接口,以实现与学校现有应用系统,如教务管理系统、学生管理系统等进行有效集成,实现单点登录,数据同步与数据共享。

通过优秀的共享型教学资源平台,教师可以进行线上线下的教学设计和学情分析,创造帮助学生自主学习的学习环境,保证学生享受优质的教学资源,从而为实现以学生为中心的高效课堂提供必要的支持。

本 章 小 结

本章主要从软件、硬件两方面探讨分析 SWH - CDIO - E 工程教育模式的实施保障。软件方面包括:对接 SWH - CDIO - E 九条标准完善教学管理制度,倡导"挖掘课程文化、软硬技能并重、实现以文化人"的教学文化;从教学技能和工程实践两个维度,提升教师教学能力,打造"双师双能型"结构的教学团队。硬件方面包括:开放的一体化实践场所,以学生为中心,易用、方便且具有互动性;优秀的共享型教学资源平台,提供帮助学生自主学习的学习环境和优质的教学资源。其中,制度为纲,教师为本;场所为要,资源为器。

第5章 电气工程及其自动化专业人才培养模式示例

要实施 SWH-CDIO-E 工程教育模式，实现软硬技能融合的高素质应用型人才培养目标，除了需要进行"能力·课程·场所"一体化设计，搭建"四大能力"平台，构建"三个体系"，还要落实保障条件。下面以浙江水利水电学院"电气工程及其自动化"专业人才培养模式改革作为案例实证。电气工程及其自动化专业依托于电气工程浙江省一流学科（B类），是浙江省特色建设专业、学校重点建设专业、校 SWH-CDIO-E 改革试点专业。

5.1 改革背景

5.1.1 行业背景

电力工业是国民经济基础产业，也是国民经济的先行工业。经济的高速发展必然需要大量能源作为支撑。根据已有的研究成果和资料分析，预计到 2020 年全国需要的发电量为 4.3 万亿 kW·h，相应的装机容量为 9.5 亿 kW 左右，人均占有电量约 2 900kW·h（仅相当于美国 20 世纪 50 年代、英国 20 世纪 60 年代水平）。中国电力发展的任务十分艰巨，这也就预示着电力工业需要大量的建设人才；同时由于能源互联网建设的大势所趋和在国家的节能减排政策推动下，电力系统新设备、新技术应用、智能化改造正在全面铺开，行业对人员素质的要求也逐年提高，迫切需要大量掌握了新技术的电气工程及其自动化本科层次的高素质应用型人才。

5.1.2 地域背景

（1）服务于浙江电网建设。

5.1 改革背景

浙江省是一个经济大省，电力的供需量名列全国前茅。《浙江省电力发展"十三五"规划》提出，构建安全、智能的现代电网系统，具体是不断加强电网建设，建成以中西部特高压站和东部火电、核电电源基地为支撑，交直流互备、水火核电互济、东西互供、南北贯通的500kV骨干网，完善以目标网架为导向、分区清晰的220kV主干网，建设城乡统筹、安全可靠、经济高效、技术先进、环境友好的现代配电网，构建安全、智能的现代电网系统，实现电动汽车等多元化负荷全接入和光伏发电等清洁能源全消纳。面对一系列新问题、新挑战和新机遇，懂技术、善管理、具备综合能力的高素质应用型电气专门人才将大有作为。

（2）服务于浙江水电建设。

根据《电力工业"十二五"规划研究报告》，2020年全国水电装机预计达3.3亿kW左右。根据《浙江省电力发展"十三五"规划》，将充分利用站址资源丰富的优势，推动抽水蓄能等调峰电源与区外来电、核电和可再生能源等协调优化运行。按照国家批准的"推五备四"规划，加快推进抽水蓄能电站建设，探索开展抽水蓄能开发权招投标试点。"十三五"期间，建成仙居抽水蓄能电站150万kW，力争建成长龙山抽水蓄能电站首台机组35万kW。到2020年，全省抽水蓄能发电装机达到493万kW左右。力争开工宁海、缙云等抽水蓄能电站。同时，浙江省着力实施水电增效扩容更新改造工作，坚持经济效益与社会效益、环境效益的统一，因此将全面推进水电站计算机监控自动化，这就预示着水电建设和发展的人才缺口较大。科技兴水，教育先行，水利水电建设和发展的关键是人才，尤其是懂技术、善管理的具备综合职业能力的高素质应用型电气工程专门人才。

（3）服务于新能源项目建设。

据《浙江省电力发展"十三五"规划》，建设的重点是提高可再生能源发展质量和规模，大力推进可再生能源综合利用基地建设，新增可再生能源装机900万kW左右，占新增总装机的59%左右。到2020年，可再生能源装机达到2010万kW左右，占电力装机比重21%左右。其中，水电700万kW左右，风电400万kW左右，光伏发电800万kW左右，生物质发电110万kW左右。一大批新能源项目的建设需要大量的电气工程及其自动化本科专业人才。

5.1.3　人才培养方案制定依据

根据《国务院关于加快发展现代职业教育的决定》（国发〔2014〕19号）、《教育部关于全面提高高等教育质量的若干意见》（教高〔2012〕4号）、《浙江省高等教育"十二五"发展规划》（浙教高科〔2011〕153号）、《浙江省教育厅关于"十二五"期间全面提高本科高校教育教学质量的实施意见》（浙教高教〔2011〕170号）、《电气工程及其自动化专业规范（工程技术型）》（电气工程及其自动化专业教学指导分委会）、《中国工程教育专业认证标准（电子信息与电气工程类专业）》《浙江水利水电学院SWH-CDIO-E人才培养模式顶层设计》等制定《电气工程及其自动化专业人才培养方案》。

方案的制定是产教融合的产物。专业教师深入水电基层单位、电气设备企业生产一线、电力建设单位、水电安装单位等20余家企业就学生职业核心能力需求、如何进行能力培养、如何加强校企合作等方面进行调研，先后向浙江省电力公司、浙江省水利水电勘测设计院、宁波送变电工程建设有限公司、杭州恒州科技有限公司、亚太地区小水电研究中心、杭州定川信息技术有限公司、浙江朗坤电力工程检测有限公司、浙江安源工程检测有限公司、江山峡口电站、杭州国望科技有限公司、天台龙溪水电站、浙江日风电气有限公司等企业专家广泛征求意见。同时先后组织教师到浙江大学、合肥工业大学、上海电力学院、浙江工业大学、杭州电子科技大学、浙江工商大学、中国计量学院、南昌工程学院等同行学院进行调研，吸取兄弟院校的成功经验和教学成果。

在方案制定之后，浙江水利水电学院电气工程及其自动化专业建设指导委员会对本方案进行了审定，组织了专家论证会对方案进行了论证。

5.2　专业定位

5.2.1　以强电为主要方向

浙江水利水电学院的电气工程及其自动化专业侧重强电领域人才培养，是一个主要面向电力工业及其相关产业的专业，除了行业和地区经济的需求（前面改革背景中已介绍）外，这一定位还有着以下缘由。

(1) 专业开设的基础。

电气工程及其自动化本科专业的开设，依托于我校在专科时代长期开办"发电厂及电力系统""电气自动化技术""供用电技术""风力发电设备及电网自动化"四个专科专业，拥有扎实的办学条件。尤其"发电厂及电力系统"是学校开办最早的传统专业之一，中专层次的发电厂及电力系统专业自1953年建校以来就设立，大专层次的发电厂及电力系统专业于1984年招生，2003年起该专业已陆续与河海大学、浙江工业大学合作，联合招收电气工程及其自动化本科学生（函授）。我校在长期的本、专科办学过程中积累了丰富的教育教学经验，培养造就了一批高素质的专业教师和学科骨干。几十年来，我校为社会培养了两千余名合格的毕业生，他们大部分在浙江省水利水电建设的基层第一线工作。他们出色的表现，得到了社会广泛赞誉和认可，其中很多毕业生已经走上各级领导岗位或成为部门、行业的业务骨干，受到用人单位的广泛好评，有着良好的社会声誉，产生了一定的社会影响，为学院办好电气工程及其自动化本科专业打下良好的基础。

(2) 适应多层次需求的错位发展。

由于我国经济发展迅猛，电力工业正处于快速发展时期，因此培养此类人才也成为高校的当务之急。目前，浙江省内本科高校中，设置电气工程及其自动化专业的主要有浙江大学、中国计量学院、浙江理工大学、杭州电子科技大学等。其中，浙江大学较偏重强电的专业方向，主要面向研究型人才培养；其他省内院校相对更侧重电气控制或电气检测等专业方向。可见，电气工程及其自动化专业人才的培养，远远不能满足电力工业飞速发展的需要，特别是面向电力生产第一线的高素质应用型人才。浙江水利水电学院作为新建本科院校，有悠久的工程类专业人才培养历史，有着培养面向生产第一线人才的丰富经验，借此将电气工程及其自动化专业定位于面向强电的高素质应用型人才的培养，既适应高等教育多层次需求，又较好地体现了错位发展的需要。

5.2.2 强弱电结合

本专业设定以强电为主要方向，但又以强弱电专业能力结合进行优化培养，以满足行业发展新趋势和毕业生发展后劲的需求，这也符合新工科的专业建设理念。

(1) 未来技术与产业发展的趋势。

2015年9月26日,中国国家主席习近平在纽约联合国总部出席联合国发展峰会,发表题为《谋共同永续发展 做合作共赢伙伴》的重要讲话。在讲话中,习近平宣布:"中国倡议探讨构建全球能源互联网,推动以清洁和绿色方式满足全球电力需求。"2016年2月,国家发展和改革委员会、国家能源局、工业和信息化部联合制定《关于推进"互联网+"智慧能源发展的指导意见》。2017年8月,全国55个首批能源互联网示范项目已陆续开工,中国能源互联网进入实操阶段。曾有专家预测:"或许20年后,能源互联网将像信息互联网冲击传统商业一样,对传统能源行业重新洗牌,出现全新的能源生产和消费的产业组织模式。"

能源互联网非常重要的特征就是智能化,也是以往所说的智能电网,涉及强弱电两个方面,强电方面是指电网传输的能量;弱电方面,是指电子、通信、网络传输的信号。所以能源产业的发展对从业人员提出了更高的要求,在传统电力人才强电技术能力的基础上,对弱电技术比以前有了更高的需求。能源产业这一新变化,也引发本专业面向新工科改革的积极响应。

(2) 毕业生广泛就业的需要。

本专业推行强弱结合,是着眼于电力工业强电的基础,同时也辐射到国民经济其他各用电部门。该专业学生除可在电力系统就业外,比较容易向电气控制等相关领域迁移,因此学生有着大量广阔的市场需求,择业选择余地大,后期发展空间大。

5.3 总体框架

5.3.1 指导思想

本专业的建设秉持"一个理念",即"理实融合,实践育人"的教育理念。"理实融合"从狭义上说,"理"即理论教学,"实"即实践教学;从广义上说,"理"即学校,"实"即社会。"理实融合"意旨理论与实践相融合,学校和社会相结合。"实践育人"即"学习知识和技能"与"修炼品德和能力"

互相促进，紧密融合，彰显了 CDIO 工程教育人才培养的特征和本质要求。"理实融合，实践育人"的教育理念如图 5.1 所示。

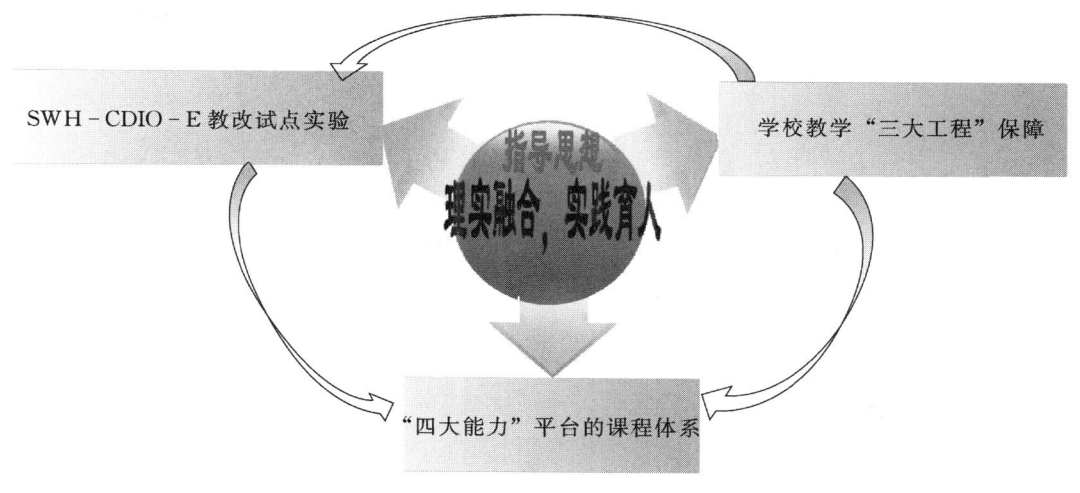

图 5.1　"理实融合，实践育人"的教育理念

5.3.2　人才培养模式

电气工程及其自动化专业在"理实融合，实践育人"的理念和学校教学"三大工程"建设的指导下，结合专业定位和专业人才培养目标，进行 SWH-CDIO-E 教改试点：立足水利电力行业，以强电为主要方向，强弱电结合，着力培养学生工程技术能力，搭建"四大能力"平台课程体系，对专业学生进行全程能力训练和测评，通过 CDIO 项目制教学实施进行全方位的能力培养，最终形成"一主、两合、四能、五化"的 SWH-CDIO-E 人才培养模式，即：以强电为主要方向，强弱电结合，以"四大能力"平台为培养体系，推行"知识能力素质一体化""项目制教学落地化""软硬技能并重化""学科竞赛普及化""创新平台开放化"。

"一主、两合、四能、五化"的 SWH-CDIO-E 人才培养模式，是秉持了学校教育的一贯精神，根据专业实际情况和长期实践经验，对学校 SWH-CDIO-E 工程教育模式顶层设计的具体落实。电气工程及其自动化专业人才培养模式特色结构示意图如图 5.2 所示。其中，"五化"是落实 SWH-CDIO-E 教学改革、达成人才培养目标的核心内容。

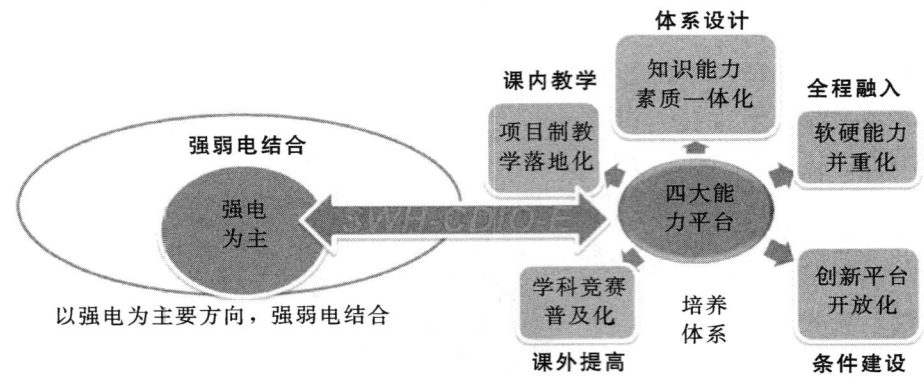

图 5.2 电气工程及其自动化专业人才培养模式特色结构示意图

5.4 课程体系

5.4.1 课程体系结构

依据专业人才培养的目标、规格和质量标准，按照"一主、两合、四能、五化"的 SWH-CDIO-E 人才培养模式，对传统学科式课程体系按照"四大能力"进行重组，分类构建课程体系，构建思路为：在对侧重强电方面的电气工程师典型工程实践和职业核心能力分析的基础上，以工程实践为导向，特别注重职业核心能力的全程渗入，构建全程能力培养课程体系。

可通过课程体系鱼骨图反映其具体结构，如图 5.3 所示。

该课程体系的主要特点描述如下：

(1) 重组传统的课程体系，构建职业核心能力、工程基础能力、专业基本能力和专业综合能力四个课程平台，对应每个学期设置课程、确定实训项目，如表 5.1 所示。

(2) 将"通识教育课程"重组为"职业核心能力平台课程"和"工程基础能力平台课程"，并将职业核心能力培养全程渗入工程基础能力、专业基本能力、专业综合能力等培养环节中，通过项目制课程、"态度＋知识＋技能"三位一体考核等教学改革具体举措进行实施。

(3) 拟定达到的能力指标、能力训练和测评项目、测评能力标准，在推行"态度＋知识＋技能"三位一体课程评价的同时，实行能力测评考核，全面促进学生的工程能力培养，如表 5.2 所示。

5.4 课 程 体 系

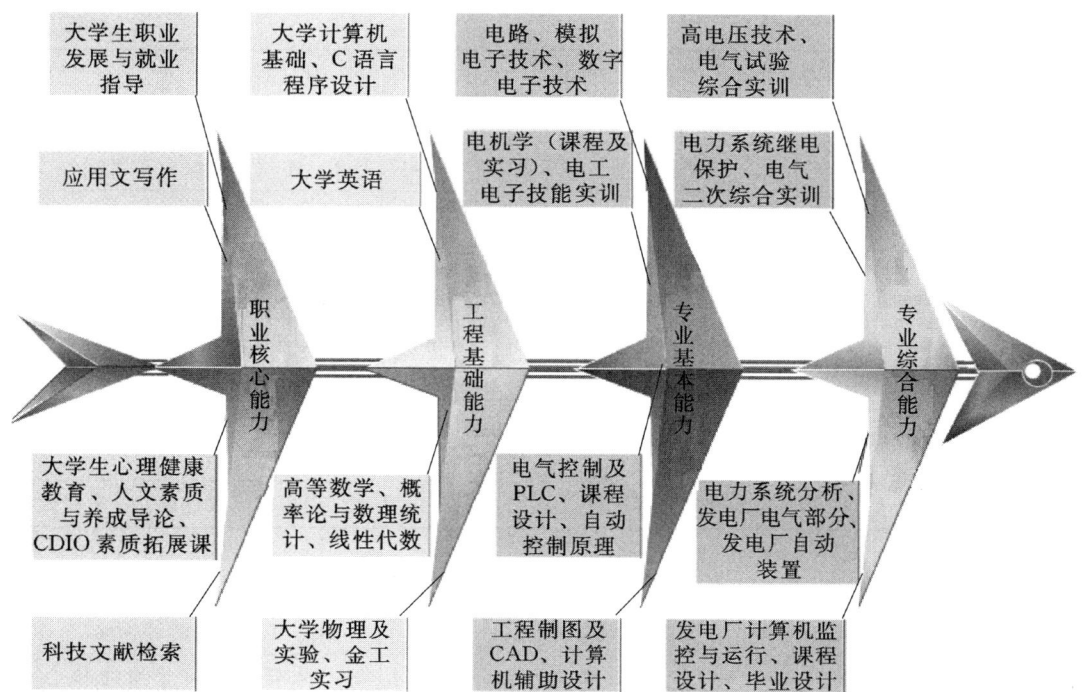

图 5.3 以"四大能力"为核心的课程体系鱼骨图

表 5.1 电气工程及其自动化专业基于"四大平台"的课程设置和实训项目表

四大平台	学期	二级能力指标	课程设置
职业核心能力（软技能）平台	1～7	职业规划能力	大学生职业发展与就业指导
	3	团队合作能力	大学生核心能力提升、大学生心理健康教育、CDIO素质拓展、科技文献检索、各类创新创业类项目、学科竞赛、CDIO综合项目、各类综合专业项目
	1～8	自主学习能力	
	3	创新创业能力	
工程基础能力平台	1～2	计算机应用能力	大学计算机基础、VB程序设计、计算机应用技能
	1～3	数学模型应用能力	高等数学、线性代数、概率论与数理统计
	1～4	英语应用能力	大学英语
	二短	实验能力	大学物理实验A
	二短	工程实践基础能力	金工实习、毕业实习
专业基本能力平台	3、三短	电工仪表使用能力	电路
	4、5三短	电子工程基础能力	模拟电子技术、数字电子技术
	4、三短	电机应用能力	电机学、电机技术实习
	四短	初级电工电子电路设计能力	电工电子技能实训
	6	电气制图能力	计算机辅助设计

续表

四大平台	学期		二级能力指标	课程设置
专业综合能力平台	电力方向	7	电气运行值班能力	发电厂计算机监控与运行
		6~7	进网作业高压试验能力	高电压技术、电气试验综合实训
		7、四短	进网作业继电保护能力	电力系统继电保护原理、电气二次综合实训
		6~8	发电厂变电所电气一二次设计能力	发电厂电气部分、发电厂电气部分课程设计、毕业设计
	电气方向	6~8	电气产品、系统自动控制设计能力	电子线路CAD、电子创新应用设计、电气控制技术设计、毕业设计
		5~6	高级维修电工能力	电气控制及PLC、PLC应用技术课程设计、自动控制原理
		6~8	供配电系统设计能力	工厂供电、工厂供电课程设计、毕业设计

表 5.2　　全程能力训练和测评进程表

学期	能力指标			训练（测评）项目	拟达到的测评标准
1~4	职业核心能力（软技能）			CVCC项目（团队合作、职业沟通、创新创业、自我管理模块）	团队合作、职业沟通校合格标准
		工程基础能力		计算机等级考试	省计算机考试等级 二级标准
				英语等级考试	CET-4标准
5~6	职业核心能力（软技能）全过程渗透培养	专业基本能力		电工仪表使用能力	维修电工国家职业技能中级工认证标准
				电子工程基础能力	
				电机应用能力	
				初级电工电子电路设计能力	
				电气制图能力	全国CAD技能等级考试一级证书或BIM工程师资质认证标准
6~8		专业综合能力	电力方向	电气运行值班能力	进网作业高压电工认证标准
				进网作业高压试验能力	进网作业特种电工高压试验工认证标准
				进网作业继电保护能力	进网作业特种电工继电保护工认证标准
				发电厂变电所电气一二次设计能力	校内自定
			电气方向	电子CAD项目（电气产品、系统自动控制设计能力）	全国电子专业人才考试PCB设计（高级）认证标准
				高级维修电工能力	维修电工国家职业技能认证高级工标准
				供配电系统设计能力	校内自定

5.4.2 课程模块与能力的关系

教学团队通过分析与研究本专业典型电气工程,对"四大能力"进一步细化,提出能力二级指标,并确定课程模块与能力的关系,明确每一项能力培养目标所主要依托的课程。具体课程与能力对应关系如表5.3所示。

课程群能力矩阵表说明:

(1) 课程群模块保留有传统类别,有通识教育、专业基础模块、专业模块三类,但具体内容划分上又对应了"四大能力",如将通识教育模块分为"1""2"两部分,分别对应职业核心能力和工程基础能力。

(2) 职业核心能力培养全程渗透课程体系,特别是交流表达、团队合作能力。

(3) 本专业的专业基本能力平台细分为初级电工电子电路分析设计调试应用能力、初级电气控制回路分析设计调试应用能力、电气制图识图能力三个课程模块。本专业的专业综合能力平台细分为进网作业特种电工高压试验能力、进网作业特种电工继电保护能力、发电厂变电所电气一二次设计能力三个课程模块。

5.4.3 实践教学体系

秉持"理实融合,实践育人"的教育思想,构架能力本位化的"3+1"多层实践教学体系。本实践教学体系特点如下。

(1) "理实融合"。

理论与实践相互对应、相互融合,有"理"就有"实",并与所需的能力相对应。本专业强调"全程式"融合,所谓"全程式"的涵义有两个:第一在学生培养的全过程(从入学到毕业)中始终开设与理论课程相对应的实践课程或实训项目,使学生在整个学习和成长过程中得到实践的熏陶;第二在开设的主要课程中,实施包括"教学做"一体化、工程案例式等多种项目制教学模式,使课程"理实融合"。

(2) 基于"四大能力"平台设计"3+1"多层实践体系及项目。

基于SWH-CDIO-E理念、以四大能力平台为基础的专业教学体系构建了"3+1"多层实践教学体系。"3+1"意为基础认知型、初步应用型、综合提高型三个层次,外加创新拓展型的分层次实践教学体系。

表 5.3　电气工程及其自动化专业课程群能力矩阵表

课程群模块及课程（电力教学模块）	软技能（职业核心能力）					硬技能						
						专业基本能力				专业综合能力		
	人文精神	态度与习惯	职业道德	交流表达	团队合作能力	工程基础能力（自然科学工程知识的应用能力）	初级电工电子电路分析设计调试应用能力	初级电气控制回路分析设计调试应用能力	电气制图识图能力	进网作业特种电工高压试验能力	进网作业特种电工继电保护能力	发电厂变电所电气一二次设计能力
通识教育模块1：人文素质与养成导论、思想政治类课程、体育、军事理论、大学生心理健康教育、学生职业发展与就业指导、浙江特色水教育、应用文写作、现代管理基础、其他科学及人文、社科、艺术类任选课程	√		√									
入学教育、CDIO素质拓展课、思政课社会实践、军事技能训练		√	√		√							
通识教育模块2：大学英语、高等数学A、大学计算机基础、VB程序设计				√	√							
大学物理实验A、计算机应用技能						√						

第 5 章　电气工程及其自动化专业人才培养模式示例

5.4 课程体系

续表

课程群模块及课程（电力教学模块）		软技能（职业核心能力）					硬技能						
		人文精神	态度与习惯	职业道德	交流表达	团队合作能力	工程基础能力（自然科学工程学知识的应用能力）	专业基本能力			专业综合能力		
								初级电工电子电路分析设计调试应用能力	初级电气控制回路分析设计调试应用能力	电气制图识图能力	进网作业特种电工高压试验能力	进网作业特种电工继电保护能力	发电厂变电所电气一二次设计能力
专业基础模块	电气工程导论		√										
	模拟电子技术、数字电子技术、电路、电机学、电力电子技术、电工电子技能实习				√			√					
	电力系统稳态分析、电力系统分析课程设计、线性代数B、概率论与数理统计					√	√						
	PLC应用技术课程设计、电气控制及PLC、自动控制原理					√			√				
	工程制图及CAD、计算机辅助设计									√			
专业模块	高电压技术、电气试验综合实训			√	√	√					√		
	电力系统继电保护原理、电力二次系统综合实训				√	√						√	
	发电厂电气部分、发电厂计算机监控与运行、电气二次课程设计、发电厂电气部分应用设计、电子创新应用项												√
	专业认识实习、毕业实习、毕业设计、毕业教育												

注 打√项为能力培养主要对应项。

基础认知型实验主要是课内的基础认知实验，如基础单元技术、元器件认识及基本技能类实验等；初步应用型实验主要指单一技术的初步应用实验，如简单电路应用、简单电路设计等实验；综合提高型实验指多种技术、多个知识点的综合应用，如系统电路设计、系统安装、系统调试等综合应用实验，创新拓展型实验指基于各种学科竞赛、创新实验计划、科研项目的创新实验以及基于职业、行业类认证的技能实践，包括多个结合行业认证和采用过程化考核的专业实训项目，如维修电工、电机拆装、电气试验等，充分体现工程化训练的特点。根据多层次实践教学体系，分别设计多级 CDIO 项目，三级 CDIO 项目是实践教学实施的教学载体。能力平台、实验教学层次和 CDIO 项目层次对应关系如图 5.4 所示。

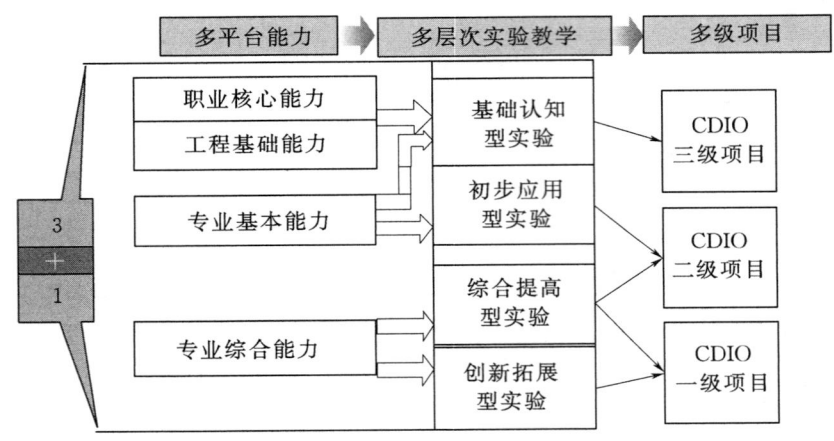

图 5.4　能力平台、实验教学层次和 CDIO 项目层次对应关系图

CDIO 三级项目为较简单的基础实验教学项目：以教师为主导，学生为主体，根据实验大纲要求，进行基础训练性实验，包括基本知识、基本操作和基本技能训练，是学生进一步学习的基础，侧重培养学生动手能力和实验技巧。CDIO 二级项目为较复杂的专业实验实训项目，如电气试验、电气二次、高压开关、电机技术、电子技术等 CDIO 课程项目。CDIO 一级项目为综合性的强调学生独立完成的项目，包括学科技能 CDIO 项目、电气工程综合实践 CDIO 项目、课外竞赛项目，往往有周期长、课内外时间同时利用的特点。

(3)"软硬并重"的实践环节。

本专业各实践环节设计时要结合能力测评中的实操要求标准进行内容设计和实施，故往往学生评价与能力测评进行合一，作为学校组织的校内层面的能力评价认定，学生也可申请相关的行业和政府部门认可的职业技能鉴定，如"硬技能"方面可利用我校已建的省人保厅批准的"国家职业技能鉴定所"和国家电监委认可的认证机构进行技能鉴定，如维修电工、电气值班员、国家电网进网工等，合格的颁发相应的合格证书；"软技能"即职业核心能力，利用我校已建的国家批准的"国家职业核心能力水平认证考评点"对学生进行测评，主要测评"职业沟通、团队合作"等职业核心能力，由于注重职业核心能力的全程渗入，故测评时间一般放在学生毕业前进行。具体实施将在后续的能力培养与测评相关内容中呈现。

5.5 具体实施

执行"一主、两合、四能、五化"的 SWH-CDIO-E 人才培养模式，将本专业工程能力培养落在实处，确保专业人才培养目标达成，教学实施和推进的重点在于"两变"和"五化"，难点在于全程能力培养的落地与能力测评。下面详细说明。

5.5.1 两变

"两变"指要实现从专业教育向工程教育的两个转变，即：教学内容由原来的"工程基础—专业基础—专业课程设计—毕业设计"的结构向"工程基础—专业基础二级项目—一级项目"的结构转变；教学过程由"课程—课内实验—课程设计—毕业设计"的路线向"课程（三级项目）—课程群基础上的二级项目—一级项目"的过程转变。

由此进一步实现学习领域从"产品的设计、制造等个别环节"向"构思、设计、实施、运行的全过程"转变；教育目标从"单一传授知识和技能"向"培养综合素质、软硬技能并重"转变；课程内容从"知识传授"到"以产品（项目）为载体回归工程"转变。从而带动教学方式、师资队伍及实践场所等全方位的转变，真正实现教育理念从"专业为本"到"学生为本"的转变。

为了有效推进"两变"，非常重要的一点是，必须积极面向师生进行CDIO 理念教育，特别是学生的认同十分关键，为此本专业大力实践"CDIO理念宣讲贯穿人才培养全程三推进"的做法，如图 5.5 所示。即注重本专业学生四年中的三方面的教学环节，强化助推 CDIO 理念宣讲，一是利用大学生核心能力提升课程，由学校专门教学团队给予学生最初的 CDIO 概念的认识和回顾；二是重点利用"一课三动员"，进行四年不断线的即时性 CDIO 理念教育，主要由专业负责人和分院教学院长实施；三是利用多门项目制课程，在 CDIO 项目教学实施中融入理念教育，由专业教师实施。

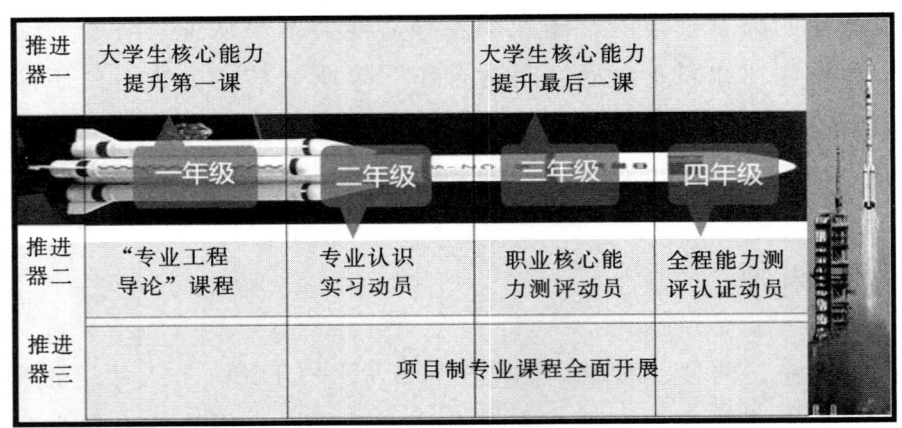

图 5.5　CDIO 理念宣讲贯穿人才培养全程三推进示意图

所谓"一课三动员"，即紧密结合人才培养方案的课程设置和进度安排，重点利用好大一的"专业工程导论"课程，大二的专业认识实习动员、大三的职业核心能力测评动员、大四的全程能力测评认证动员等契机，进行四年不断线的即时性 CDIO 理念教育。

其中，"专业工程导论"由专业负责人亲自授课，帮助学生初步建立对专业的系统认识，向学生详细解读本专业的人才培养模式，形成本专业教育过程的指导说明书，作为学生专业学习的工程教育背景。专业认识实习动员、职业核心能力测评动员、全程能力测评认证动员，主要由二级学院教学院长亲自负责，由专业负责人具体实施，如图 5.6 所示。

5.5.2　五化

在"一主、两合、四能、五化"的 SWH-CDIO-E 人才培养模式中，"五化"为重点改革措施，也是本专业落实学校教学三大工程的方法，具体说明如下。

（1）知识能力素质一体化。

主要是落实在整个培养体系建构上，围绕"四大能力"平台构建人才培养课程体系，实现知识、能力、素质一体化设计，具体可见前述内容。

图 5.6 "一课三动员"四年不断线即时性 CDIO 理念教育示意图

(2) 项目制教学落地化。

本专业大力推行项目制课程教学，主要课程根据自身的特点，在项目教学实施中尝试融入 CDIO 项目任务驱动、全程实例贯穿、教学做一体、启发式讨论教学、自由组队合作研究、校企合作指导等各类教学方法。本专业目前有 7 门主干课程通过学校的项目制课程的认定。并且经过不断实践，目前初步形成三种具有本专业特色、能够实现有效教学的推行形式，即：教学做一体化、实做项目嵌入式、工程案例全程结合式。

教学做一体化，是最能体现 CDIO 工程项目理念的教学形式，主要针对控制或弱电类课程，适合在实验室有条件制作小型电路产品或电气装置，因此采取小班化教学，同时在实验室上课，实行讲练结合、边学边做。目前本专业的模拟电子技术、数字电子技术、微机原理及接口技术、电气控制及 PLC 等课程均采取这一形式，取得了良好的效果。该形式为本专业所属学院主推的方式，上述课程若不采用教学做一体化，必须另行申请。

实做项目嵌入式，主要针对实验室能够完成真实的动手操作工程项目，但教学条件有限，无法直接在实验室上课的课程，如本专业的电机技术、水电站计算机监控课程，采取合班授课，分组进行项目的形式，把项目有效嵌入教学环节中，项目强调工程真实性。

工程案例全程结合式，主要适合大工程设计类课程，如发电厂电气部分、电力系统继电保护等专业课程。因学生在学校无法真正参与这样的工程项目，故教师可根据课程内容选取一真实工程，将设计图纸与教学内容结合，实现课程与该项目全程贯穿对接，通过案例对照、模拟设计等方法，实施项目教学，以取得良好效果。电气工程及其自动化专业专业课程改革一览表如表5.4所示。

表5.4 电气工程及其自动化专业专业课程改革一览表（截至 2017 年 12 月）

课程性质	课程名称	项目制及三位一体课程	校企合作课程	省级以上精品建设课程	课程建设项目
专业必修课	模拟电子技术*	项目制			
	数字电子技术*	项目制		省级精品在线开放	核心示范
	微机原理与接口技术	项目制	校企合作		
	电路*				
	电气工程导论		校企合作		
	电机学*	项目制			核心素养课程
	电气控制及 PLC	项目制			
	自动控制原理				
	电力电子技术				
	电力系统稳态分析*		校企合作		核心示范
专业限选课	发电厂电气部分*	项目制		国家资源共享	核心示范
	电力系统继电保护*	项目制	校企合作		
	电力系统自动装置				
	发电厂计算机监控运行	项目制	校企合作		双语
	高电压技术		校企合作		

注 1. 以上课改项目均经学校教务处认定。
　　2. 专业核心课程标"*"。

专业课程改革占比示意图如图5.7所示。

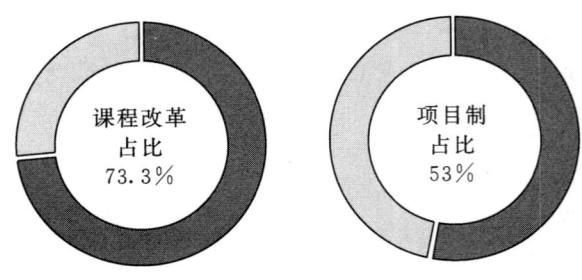

图 5.7 电气工程及其自动化专业专业课程改革占比示意图

（3）软硬技能并重化。

将软技能培养全程融入硬技能培养，专门开设《大学生核心能力提升》课程以及开展CVCC认证，在专业教学中推行项目制课程、"知识技能态度"三位一体考核评价，强调"职业核心能力全程渗入"。本专业构建四大平台，其中职业核心能力平台为基础平台，职业核心能力培养要渗透到其他能力平台中。要求专业课程教学融入团队合作、交流表达等职业核心能力培养中。项目制教学一般要求以团队形式完成，还强调小组讨论和项目汇报，以实现人文精神内化的目标。

本专业的 7 门实施项目制教学的骨干课程，在施行"知识＋技能＋态度"三位一体考核评价方面均有突出的实践，这些课程在教学环节中尤其注意对学生的学习态度进行记录和评价，考核内容从掌握知识为主，逐渐转向考核学生掌握知识的同时，从知识、能力、态度等方面对学生进行全方位评价，如学生能力有哪些提高，行为习惯态度有哪些改进，在团队合作、交流沟通方面表现如何。推行过程考核，不以一次考核结果为最终评价结果，根据多个教学环节（项目）的考核进行综合评价。形式上推行多样化考核方式，用多种的方式对学生进行全面考核，包括采用记录、报告、自评、互评等形式。如电机学课程采用工程实践任务为载体的项目制教学形式，以一台电动机拆装生产、一台小型变压器的设计与制作两个工作任务为载体，实现完全真实的工厂化产品设计与生产，并以团队的形式来展开实施；实践环节要求全程记录，并形成报告；最后还须制作 PPT，进行集体汇报。

通过结合平时和项目评价等载体形成学生品质和能力的养成平台，方法多种多样，但在团队、交流、遵纪守时等方面往往也有类似的具体要求和措施，如多门课程要求学生进行团队汇报，这就形成针对团队合作能力、交流表达能力的全程训练，多个专场汇报为所有学生提供锻炼机会汇报，这是 CDIO 教改实施以来的一个重要变化。电气工程及其自动化专业 2017 届毕业生课内汇报掠影如图 5.8 所示。

（4）学科竞赛普及化。

创新创业能力是全程能力培养体系中重要的能力培养内容之一，其培养过程也是实现 CDIO 工程教育的有效途径之一。本专业主要推行两个方法来提高学生的学科竞赛参与度，以便使能力培养达到课内向课外的有效拓展、课外对课内进行良性补充的目的，具体包括：①构建多层次竞赛体系；②赛课证一体的措施。

构建多层次竞赛体系，主要是针对电气工程及其自动化本科专业特点，构建四级竞赛体系，如表 5.5 所示。竞赛活动形成了多层结构，分别为院级、校级、省部级、国家级四级体系。

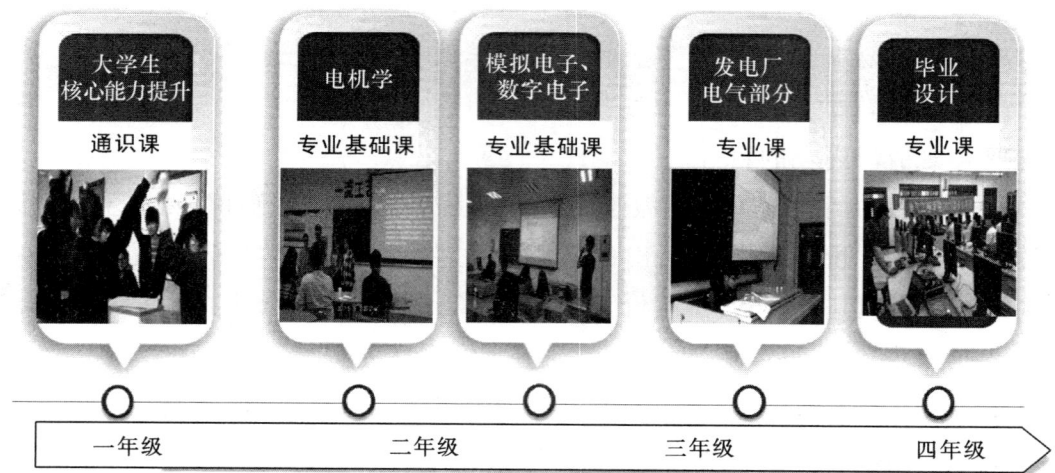

图 5.8　电气工程及其自动化专业 2017 届毕业生课内汇报掠影

表 5.5　　电气工程及其自动化专业四级学科竞赛项目体系表

竞赛名称		大学生电子竞赛	智能小车竞赛	互联网＋创新创业	节能减排社会实践与科技竞赛	挑战杯	大创项目	PVQC 专业外语大赛	电气控制 PLC 竞赛
主办方		教育部电子教指委	教育部自动化教指委	教育部	教育部能源动力教指委	团中央	教育部	全国计算机学会	国际公司
级别	国家级	√	√	√	√	√	√	√	√
	省级						√		
	校级	√							√
	院级	√	√	√	√		√		

注　√表示有。

推行"赛课证一体"，主要是指教师将课程教学项目与竞赛项目相结合，拓展教学时空，达到课内外教学一体、竞赛与课程合一；本专业学生在职业核心能力认证中，需要通过参加项目实施举证，可将竞赛项目作为认证项目，由教师指导学生对竞赛中的项目实施进行全程记录，达到项目与认证合一。

通过实施以上措施，本专业学生参加竞赛活动踊跃，首届本科毕业生参加各项活动比例达到 100%，如在 2014 上半年校电工（与企业合办）竞赛中，本专业学生参赛率为 96%，占该赛事学生参赛人数的 56.8%。毕业生参加 CVCC 认证比例达 97%。

(5) 创新平台开放化。

创新平台开放化即打造电气类专业学生自主学习中心，为 CDIO 工程教育和创新能力培养提供有利条件。同时也是开放专业实验室的内容之一，以促进学生自主学习。

为积极推进能力培养，本专业专门建设 SWH－CDIO－E 电气类创新实验室（图 5.9），包括 CD 室、电子 CDI 室、智能 IO 室、电气 DI 室四个分室。该实验室拥有门禁系统和多方远程可视交互系统平台，可实现全开放实践教学，并尝试让学生自主管理，形成了电气学院-电气实验中心-学生管理团队的多级管理模式。目前已由电气工程学院学生会指导学生成立 CDIO 科创中心，并牵头学生学科社团，学生自行制定了"SWH－CDIO－E 电气类创新实验室学生参与管理方案"和相关申请表，确定了学生管理人员，多个学生项目团队带项目入驻，同时实现了学生电子协会、学生智能控制协会挂牌入驻；该实验室也是电气创新班的固定活动场地。其他专业实验室也积极探索

图 5.9　电气类 CDIO 创新实验室简介

对学生开放的形式。

5.5.3　全程能力培养的落实与能力测评

电气工程及其自动化专业推行 SWH-CDIO-E 的工程教育改革，可以说全程能力培养的实践是最重要的内容之一，也是难点之一。其中主要包含三部分工作，分别是：能力体系构建、能力课程培养、全程能力测评实施。这三方面均很重要，而且相互关联，应以终为始，从能力测评出发解决好"测评与能力体系的对接关系、测评与课程的对接关系"，从而实现全程能力测评促进能力培养的落实。

本专业对相关内容汇编成文件材料，如图 5.10 所示。下面对主要内容进行具体说明。

（1）能力体系构建。

能力体系是在学校 SWH-CDIO-E 工程教育模式顶层设计指导下，搭建"四大能力"平台，进行课程体系的一体化设计，在前面内容中均有叙述，本部分不再做更多的说明。此处仅从能力测评出发，对本专业"测评与能力体系的对接关系"的具体处理进行讲述，如图 5.11 所示。

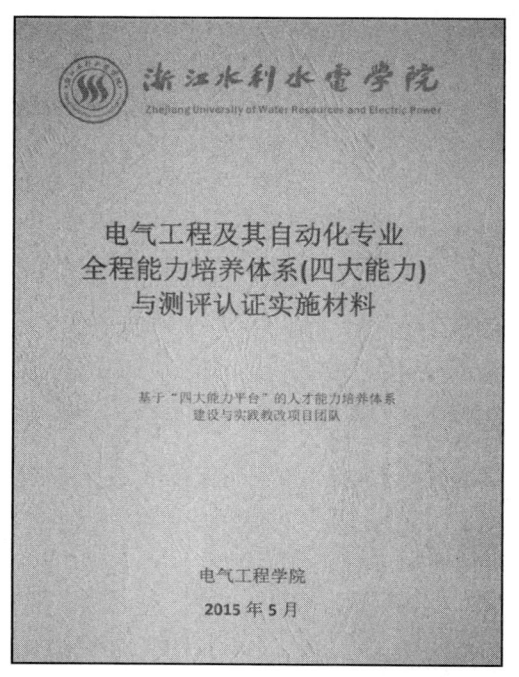

图 5.10　电气工程及其自动化专业能力培养体系教学文件汇编

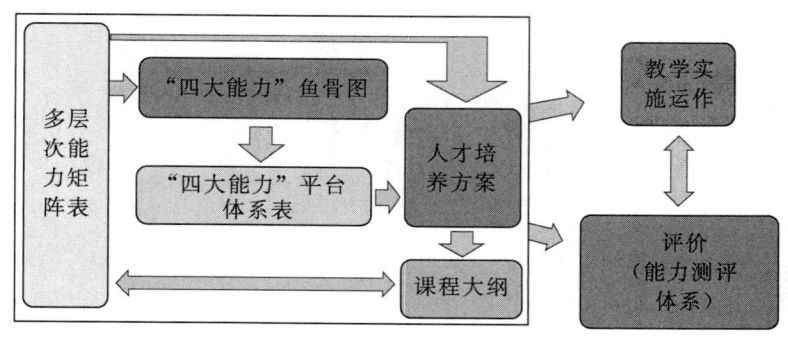

图 5.11　能力体系与教学实施、评价的关系

5.5 具 体 实 施

前述内容针对"四大能力"二级指标，虽然提出了测评项目，但要开展具体实施测评，还需完成很多工作，比如测评流程、测评内容等，均应进行相应地规范，提出明确要求。

首先，明确一系列能力测评的流程。为此，在学校的指导下，本专业编制了《"全程能力培养与测评认证"标准说明一览表》，对所有能力测评项目的安排、参考标准等，进行整体性的明确，如表 5.6 所示。

其次，完成测评内容的"对标"。在能力体系的构建中，为了达成毕业生更加适应行业需求，往往进行"对标"处理，即：能力培养标准对接于行业能力需求标准，能力测评标准对接于行业认证标准。

例如，本专业对专业基础能力和专业综合能力所对接的测评项目，均编写了《能力测评认证项目大纲》，对每项测评项目均进行详细的具体说明，包括对应能力、校内测评要求、测评标准要求等，如表 5.7 所示。

需要强调的是：一项能力测评项目可能会对接多项能力，也可能多项能力测评项目对接某个行业能力标准，但只要所有能力项目合在一起达成了能力的综合全面要求即可。如本专业中，每个专业能力测评项目至少包括一项理论测评和一项实操测评，而无论是何种测评方式，均可能涉及多门课程或多个实践教学环节。电气工程及其自动化专业能力测评认证项目大纲内容截图如图 5.12 所示。

（2）能力课程培养。

能力培养最终还是要归结到课程，为了实现落地实施，要解决好"如何与能力测评对接"的问题，即如何在课程教学中实现能力培养，特别是测评能力培养的问题，处理好课程考核与能力测评的关系。

前已述及，测评能力必须完全融入行业认证标准，并以此编制《专业能力测评认证项目大纲》。一定程度上，"测评项目大纲"就是行业标准的教学呈现。而课程教学均有"课程教学大纲"，这里必须处理好两个大纲的关系。

为此，针对每门课程均编制了对接测评能力标准的《融入课程的能力培养考核标准》，即每门课程均要具体说明对接测评项目的能力指标。通过这个标准，解决了两个大纲的关系问题，具体关系如图 5.13 所示。

测评项目对接多门课程，因此在实际课程教学培养中，每门课程承载着某一项测评能力部分的培养工作（用《融入课程的能力培养考核标准》进行说明），如表 5.8 所示。但一门课程的目标往往不止这一部分内容，所以需要另外有课程大纲进行规范。

表5.6 电气工程及其自动化专业"全程能力培养与测评认证"标准说明一览表

学期	能力指标	训练(测评)项目(校内认证名称)	测评要求(国家、行业或校内认证名称)	测试时间(学期)	发证级别 校内	发证级别 省级	发证级别 国家	负责人	国家或行业考核(校内自测参照)标准	自测形式	备注
1~4	职业核心能力(软技能)	CVCC项目(团队合作、职业沟通、自我管理)	职业核心能力认证校内合格	第6学期	√			俞先锋	校合格标准		
		CVCC项目(创新创业模块)	二级学院三等奖以上或校项目立项完成或参加三次以上相关活动	第8学期统计核定	√			彭学虎	参加学科竞赛、创新创业项目、挑战杯		
	工程基础能力	计算机应用	省计算机等级考二级	第2~8学期		√		李益	省计算机等级考试标准		
		英语应用	CET-4	第2~8学期			√		国家英语等级考试标准		
5~6	职业核心能力(软技能)全过程渗透培养 专业基础能力	中级维修电工(电工工程基础、电子仪表使用、电机应用能力、初级电工电子电路设计能力)	维修电工中级	第4短学期			√		维修电工国家职业技能标准(劳动部)	理论测试(单独组织)+实践项目评价(融入实习)	自测标准和实测可见具体测评项目说明
		电气制图	CAD绘图员一级	第6学期		√		吴菊咖	CAD绘图员国家标准BIM工程师资质认证(劳动部)		

5.5 具体实施

续表

学期	能力指标			训练（测评）项目（校内认证名称）	测评要求（国家、行业或校内认证名称）	测试时间（学期）	发证级别			负责人	国家或行业考核（校内自测参照）标准	自测形式	备注
							校内	省级	国家				
6~8	职业核心能力（软技能）全过程渗透培养	专业综合能力	电气技术方向	电子CAD项目（电气产品、系统自动控制设计能力）	PCB设计（高级）	第7学期			√	任玉升	全国电子专业人才考试PCB设计标准（工信部）	理论测试（单独组织）+实践项目评价（融入实习）	自测标准和实施可见具体测评认证项目说明
				高级维修电工能力	维修电工高级	第6学期			√	姚玮	维修电工国家职业技能标准（劳动部）		
			发电厂及电力系统电力方向	供配电系统设计能力	（自定）	第8学期	√			徐传杰	自定标准（参照供配电初步设计要求）		
				电气运行值班能力	进网作业高压电工	第7学期			√	彭学虎 张美燕	进网作业高压电工技能标准（能源局）		
				进网作业高压试验能力	进网作业高压试验	第7学期			√	彭学虎 孙澜	进网作业高压试验技能标准（能源局）		
				进网作业继电保护能力	进网作业继电保护工	第4短学期			√	王洪梅	进网作业继电保护技能标准（能源局）		
				电气二次设计能力	（自定）	第8学期	√			郑晓丹	自定标准（参照发电输变电初步设计要求）		

注 1. 表中专业基础能力、专业综合能力的相关项目的测试时间为校内自测时间；学生还可自愿参加国家或行业认证，测试时间根据认证机构安排，取得证书后，在毕业前对应项目负责教师报备审核，即可。
2. 自测标准和实施可见具体测评认证项目说明——《电气工程及其自动化专业能力测评认证项目说明》。

表 5.7　电气工程及其自动化专业《能力测评认证项目大纲》汇编表

序号	专业能力测评项目名称	备注
1	"中级维修电工"测评认证项目	专业基础
2	"电气制图能力"测评认证项目	专业基础
3	电子CAD项目（电气产品、系统自动控制设计能力）	电气方向
4	"高级维修电工"测评认证项目	电气方向
5	"供配电系统设计能力"测评认证项目	电气方向
6	"电气运行值班能力"测评认证项目	电力方向
7	"进网作业高压试验能力"测评认证项目	电力方向
8	"进网作业继电保护能力"测评认证项目	电力方向
9	"电气一二次设计能力"测评认证项目	电力方向

一、"中级维修电工"测评认证项目

1、测评项目对应能力

　　专业基础能力中的二级能力：电工仪表使用能力、电子工程基础能力、电机应用能力、初级电工电子电路设计能力。

2、校内测评要求

　　采用"理论考试+实践项目考核"的测评方式。

1) 实践项目考核

组织形式与时间：

　　融入"电工电子技能实训"（3周），并与该实训考核合一；在第3短学期进行。

测评通过要求：

　　实训成绩"中等及以上"为通过测评。

2) 理论考试

组织形式与时间：

　　从试卷库中选择一套试卷，单独组织考试；第3短学期或在中级维修电工国家认证前进行。

测评通过要求：

　　60分及以上为通过。

3、测评标准

　　参照《维修电工国家职业技能标准》中级工要求，见附。

图 5.12　电气工程及其自动化专业《能力测评认证项目大纲》内容截图

5.5 具体实施

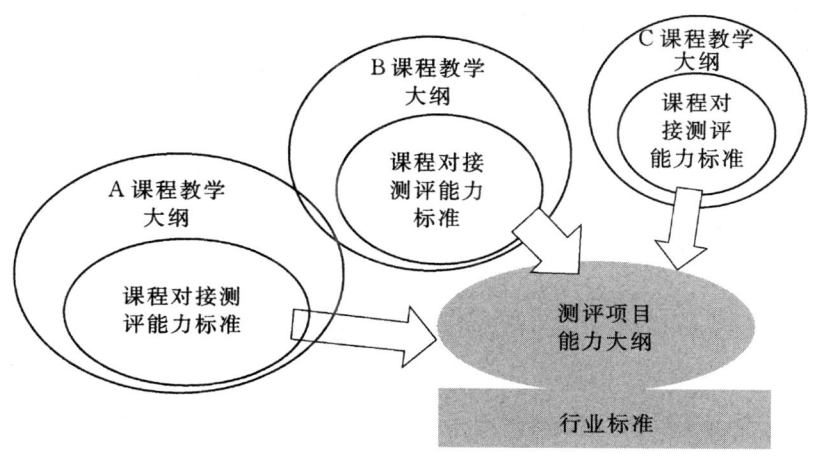

图 5.13 电气工程及其自动化专业课程大纲与测评能力大纲的关系

表 5.8 电气工程及其自动化专业《融入课程的能力培养考核标准》汇编一览表

序号	课程培养考核标准名称
1	电路课程（电工仪表使用能力）培养考核标准
2	电子课程（电子工程基础能力）培养考核标准
3	电机学课程及其实习（电机应用能力）培养考核标准
4	电工电子技能实训（初级电工电子电路设计能力）考核标准
5	计算机辅助设计（电气制图能力）培养考核标准
6	发电厂计算机监控与运行（电气运行值班能力）培养考核标准
7	高电压技术课程及电气试验综合实训（进网作业高压试验能力）标准
8	电力系统继电保护课程与电气二次实习（进网作业继电保护能力）标准
9	发电厂电气部分课程与毕业设计（电气一二次设计能力）培养考核标准
10	电气控制技术设计（电气产品、系统自动控制设计能力）培养考核标准
11	电气控制及PLC课程及其课程设计（高级维修电工能力）培养考核标准
12	工厂供电课程与毕业设计（供配电系统设计能力）考核标准

总的来讲，实施 SWH-CDIO-E 工程教育模式的专业，在编制课程教学大纲时，除了学校的统一规定外，还需要参照所对接的测评能力标准，才能将行业标准融入课程，从而较好地进行全程能力培养在课程中的落实。至于具体教学实施方式，前述内容已对项目制等进行了详细说明，此处不再赘述。

（3）全程能力测评实施。

本专业在学校总体要求下，积极进行全程能力测评实施。

首先，编写《全程能力培养与测评认证体系实施方案》，明确组织机构、测评标准、测评流程以及能力证书颁发等具体工作实施要求。

其次，确定测试形式。因本专业的专业基础能力、专业综合能力所对应的行业能力认证，如国家电网的进网作业许可证、劳动部门的电工等级证书等，均采用理论测评和实操测评相结合的形式，因此对应的校内测评基本也采用这两种形式。由于设计了基于"四大能力"平台的全程式多层次实践教学体系，且各实践环节"对标"能力测评要求进行设计和实施，从而让实践教学环节考核替代实操测评成为可能。对实践教学环节考核为"中等"及以上的，一般计为相应能力测评项目校内实操部分通过。而理论测评均要求单独进行测试。

然后，进行理论测评条件的建设。为了实现测评的规范和便捷，电气工程及其自动化专业建设了网上测试平台，对所有专业基础能力、专业综合能力的理论测评进行题库建设，如图5.14所示。可以随时对学生开放练习和测评，而且实现了随机组卷。本专业在开放时段内，允许学生多次测评，取最好成绩计入。

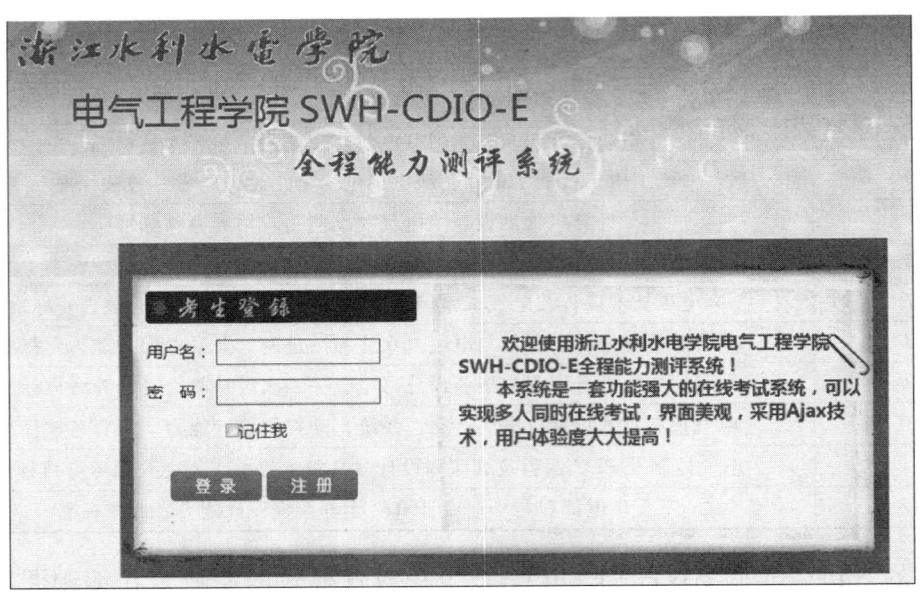

图5.14　电气工程及其自动化专业网上能力测评平台首页截图

最后，要保证测评的顺利进行，要有多项保障措施。要高度重视开展能力测评之前的总动员，让全体学生明确意义和目的，同时增强对CDIO理念的理解。本专业测评责任到教研室、工作到人，所在学院设计了详尽的统计表，统计归档成为能力培养工作重要的内容，如表5.9所示。同时所在学院对相关工作进行定期推动，制订计划和相应政策保障。本专业首届毕业生（2013级）共67人，取得能力证书34人，获证率为50.75%。

5.5 具体实施

表5.9 电气工程及其自动化专业全程能力测评信息统计表（节选）

年级：2013 专业：电气工程及其自动化 班级：电气、电力模块教学班

序号	学号	姓名	性别	职业核心能力测评 校内认证 测评中级及以上	CVCC项目（创新创业概述）（团队合作、自我管理）	校内认证	工程基础能力测评 计算机应用 等级类别	国家认证	英语应用	国家认证	专业基础能力测评 中级维修电工 校内认证	国家认证	电气制图 行业认证或校内认证	专业综合能力测评 电气运行值班能力 进网作业高压运行电气行业认证	行业认证或校内认证	进网作业高压试验能力 进网作业高压试验电气行业认证	行业认证或校内认证	进网作业继电保护能力 进网作业继电保护电气行业认证	行业认证或校内认证	电气二次设计能力 行业认证或校内认证	全程能力认证汇总 通过项目数	是否取得全程能力认证证书
1	2013xx03001	胡明明	男	合格	辩论赛、自我推荐赛	1	76 办公	1	455	1	91 优秀	合格	100 优秀	95 优秀	1	100 优秀	1	99 优秀	1	1 合格	10	1
2	2013xx03002	蕾明	男	合格	新能源杯铜奖	1	78 办公	1	519	无	无	无	100 中等	无	0	无	0	无	0	无	6	0
3	2013xx03003	卢胜宇	男	合格	新能源杯、自我推荐赛	1	80 办公	1	436	1	90.5 优秀	合格	94 优秀	100 优秀	1	98 良好	1	94 良好	1	1 合格	10	1
4	2013xx03004	周伟杰	男	合格	新能源杯、微组赛主持人	1	80 办公	1	467	1	97 优秀	合格	93 优秀	97 优秀	1	94 优秀	1	73 良好	1	1 合格	10	1
5	2013xx03006	张鹏辉	女	合格	校电子进程	1	87 办公	1	480	1	84 良好	合格	95 良好	68 良好	1	94 优秀	1	96 优秀	1	1 合格	9	1
6	2013xx03008	徐永华	男	合格	新能源杯电子DIY校PLC一等	1	61 办公	1	464	1	91 良好	合格	100 优秀	70 良好	1	63 良好	1	62 中等	1	1 合格	9	1
7	2013xx03009	方研	男	合格	微组赛、主持人	1	78 办公	1	459	1	75 良好	合格	82 良好	100 优秀	1	100 优秀	1	73 良好	1	1 合格	10	1
8	2013xx03010	倪融敏	女	合格	微组赛、校PLC一等	1	79 办公	1	455	1	97 优秀	合格	100 优秀	82 良好	1	98 优秀	1	95 优秀	1	1 合格	10	1
9	2013xx03011	吴冬冬	男	合格	新能源杯、安全知识	1	77 办公	1	434	0	77.5 良好	合格	82 良好	70 良好	1	82 良好	1	68 中等	1	1 合格	9	1
10	2013xx03012	严毛伟	男	合格	新能源杯三等	1	60 办公	1	484	1	82 良好	合格	93 良好	69 中等	1	72 中等	1	61 中等	1	1 合格	10	1
11	2013xx03014	朱锦姓	女	合格	新能源杯、校PLC一等	1	63 办公	1	470	1	74 良好	合格	100 优秀	75 良好	1	92 优秀	1	60 中等	1	1 合格	10	1
12	2013xx03015	党中飞	男	合格	新能源杯三等	1	63 VB	1	437	1	84 优秀	合格	71 良好	100 优秀	1	94 优秀	1	77 良好	1	1 合格	10	1
13	2013xx03016	林康	男	合格	微组赛、班级风采	1	63 办公	1	525	1	61 良好	合格	98 良好	100 优秀	1	98 优秀	1	64 良好	1	1 合格	10	1
14	2013xx03019	叶珊莹	女	合格	电子DIY三等	1	61 VB	1	537	1	92 优秀	合格	88 良好	74 良好	1	100 优秀	1	94 中等	1	1 合格	10	1
15	2013xx03023	王志睿	男	合格	新能源杯PLC	1	62 VB	1	537	1	80 良好	无	100 良好	88 良好	1	85 良好	1	91 中等	1	1 合格	10	1
16	2013xx03027	邱宇豪	男	合格	新能源杯、辩论	1	63 办公	1	494	1	93 优秀	合格	100 良好	79 良好	1	100 优秀	1	93 中等	1	1 合格	10	1

5.6 运行条件

5.6.1 师资队伍条件

师资队伍建设是专业建设与发展的关键，是专业建设的重点。从目前情况看，电气工程及其自动化专业师资队伍在职称、学历、年龄结构上都比较合理，基本可以满足本专业教学工作需要。

专业教学团队现有的19名专任教师中，教授4人（占21.0%），副教授及高工9人（占47.4%），讲师6人（占31.6%）。近年来，通过内培外引，初步形成了一支学历层次较高、具有一定工程实践经验的专兼结合的"双师双能型"教学团队。专业教师情况统计表见表5.10，职称结构图见图5.15。

表5.10 电气工程及其自动化专业教师情况统计表（截至2017年12月）

学位	博士	硕士	学士	其他
人数	4	8	6	1
所占比例	21.0%	42.1%	31.6%	5.3%
年龄分布	45岁及以下：3人 45以上：1人	45岁及以下：3人 45岁以上：5人	45岁及以下：3人 45岁以上：3人	40岁

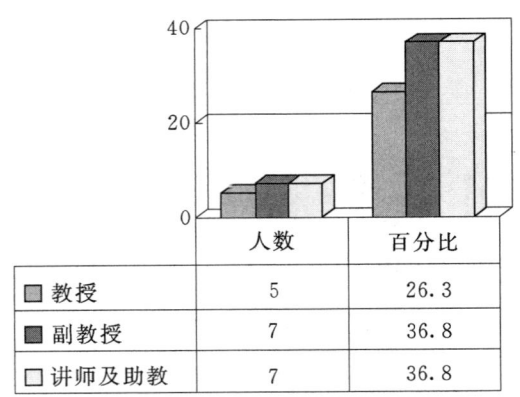

图5.15 电气工程及其自动化专业教师职称结构图

除近年来新引进博士外，其他教师均有5年以上的相应课程教学经历，其中专业核心课程教师8人。所有专业教师均为电气工程或相关专业毕业，并且教学经验丰富。同时，19位教师中17位有工程师或行业技能证书，6位教师有企业长期工作经历，绝大多数教师均有赴企业工程锻炼经历。

总体上看，本专业师资队伍基本形成以正副教授为带头人，以博士、硕士为主体，以年轻教师为后备力量的较为合理的教学科研梯队。然而教师的业务素质、教学水平、科研能力必须与时俱进才能适应高等工程教育的发

5.6.2 实验实训条件

专业实践教学是实现教学目标和任务的重要环节，是锻炼学生实践能力的重要手段，也是衡量学校教学质量的重要依据。本专业实验室包括电力工程实验室、电气技术实验室、CDIO 创新实验室 3 个专业实验室和 1 个专业基础实验室（电工电子实验中心），由 34 个分室构成，总面积达 5000 平方米，仪器设备总值近 2000 万元。多年来，专业所属的二级学院努力开展实验室和实训基地建设，完成了 1 个省级示范实训基地建设项目——电力工程实训基地，完成 11 个省财政资助实验室建设项目，并且与本专业密切相关，如电力工程实验室、电气试验实验室、供用电技术实验室、柔性电力技术研究与创新平台、自动控制与传动技术实验室等。以此为基础申报的"电力工程实验教学示范中心"为校级示范实验中心。

同时本专业将加强与电力行业及相关企事业单位联系，加强校内外实习基地的建设。本专业已与 20 余家单位签订合作协议，其中与杭州禹润科技有限公司合作，成立了企业学院；与杭州美控自动化技术有限公司、杭州继高电力技术有限公司、杭州威立雅科技有限公司三家单位合作，建立了校级紧密型实习基地；乐清水电研究基地为厅级基地。专业签约的校外实习基地一览如表 5.11 所示。

表 5.11　　校外实习基地企业列表（截至 2017 年 12 月）

序号	名　称	企业性质	可接纳人数	备　注
1	杭州禹润科技有限公司	水电智能化	30	企业学院合作单位
2	乐清水电研究基地	水电站及供电公司	40	厅级基地
3	杭州美控自动化技术有限公司	自动化仪表	30	紧密合作实践教育基地
4	杭州继高电力技术有限公司	电力工程	30	紧密合作实践教育基地
5	杭州威立雅科技有限公司	智能控制系统	30	紧密合作实践教育基地
6	杭州杭联热电有限公司	火电厂	50	
7	杭州交联电气工程有限公司	电力工程	50	
8	杭州图维科技有限公司	电力工程	50	
9	天台县龙溪水力发电站	水电站	80	

续表

序号	名　称	企业性质	可接纳人数	备　注
10	江山峡口水电站	水电站	50	
11	温州市龙湾永强供电公司	供电公司	50	
12	杭州大有科技发展有限公司	电力工程	40	
13	杭州和华电气工程有限公司	智能控制设备	40	
14	杭州奥能电源设备股份有限公司	电力电子设备	30	
15	广控聚贤商学院有限公司	能源服务平台	30	
16	杭州世创电子技术有限公司	电力设备	40	
17	浙江省送变电工程公司电气调试公司	电力工程	80	
18	杭州国望科技有限公司	电力设备	30	
19	浙江江能建设有限公司	电力工程	80	
20	水利部农村电气化研究所	电力工程及研究	30	
21	乌溪江水电厂	水电站	80	毕业实习定点

5.6.3　学校支持与保障

学校高度重视电气工程及其自动化专业建设，投入大量经费支持该专业建设，进行立项管理，实行项目负责制和绩效考核，保障专业建设项目的实施。学校在以下几个方面为本专业的建设提供一系列支持和保障。

(1) 经费支持。

除日常教学运行经费外，本专业为浙江省新兴特色专业，学校将提供不低于1∶1的专项配套建设经费支持；本专业为校级SWH-CDIO-E试点专业，学校配套有项目经费支持；其他经费还包括本专业教学团队成员负责的省教育改革项目3项、省课程改革项目2项、教育部产学协同育人项目2项、国家资源共享课程1门、省精品在线开放课程1门、校教学团队项目2项等的项目经费。多项经费均用于人才培养方案的制订与优化、课程建设与改革、实验实践建设与改革、师资队伍建设、教学管理制度的改革与创新等方面。专业建设经费实行专款专用，由二级学院统筹，各项目负责人具体实施。

(2) 政策支持。

作为省新兴特色专业、校重点专业、校级 SWH-CDIO-E 试点专业，学校对本专业建设给予政策倾斜和扶持，优先支持申报课程改革、教材编写、教学名师、教学优秀奖、教改项目、教学成果等。加强专业师资队伍建设，加大为专业培养和引进人才的力度，对专业建设所需的师资给予优先引进。积极支持与国内外高校和企业合作，采取请进来、走出去的方式，鼓励和支持聘请国内外专家来我校讲学。选派教师到国外进修学习，提高师资队伍的国际化教学水平。

（3）学科支持。

专业依托的电力系统及其自动化学科（二级学科）被列为校级重点建设学科；2016 年专业依托的电气工程学科（一级学科）被遴选为浙江省一流学科（B 类）。依托于学科建设与发展推动专业建设，完善科学研究与教学工作良性互动的机制，实现科研促进教学，形成学科带动本专业发展的良性循环。

（4）管理支持。

学校对省新兴特色专业、校级 SWH-CDIO-E 试点专业等的建设均有管理制度。在各项专业建设期内，学校的相关职能部门将加强对专业建设点的监控，强化进度管理，专业建设各项工作落实到人，严格控制进度，确保按期完成建设任务。

5.6.4 学院制度规范

专业所属的电气工程学院为推进专业改革，严格规范执行学校相关制度，并在此基础上，也积极做了一些具体尝试。

如为保障电气 CDIO 创新实验室（学生自主学习中心）正常运行，相继出台《电气工程学院 CDIO 创新实验室入驻使用注意事项》《电气工程学院 CDIO 创新实验室值班学生管理岗位职责》《电气工程学院 CDIO 创新实验室安全及卫生管理制度》等规章制度。

为推进教学做一体的项目制教学方式，在本部门的工作量计算办法中，明确实施这一方式课程可增加一定计量系数，且酌情 3 节或 4 节课连排；同时根据《电气工程学院关于制订和修订本科专业教学大纲的要求》，项目制课程的大纲编写要求和配套业绩分计量比一般课程高。

为推进能力测评和 CVCC 测评等工作，均配套有细化的业绩分计量方法。

本 章 小 结

本章主要从改革背景、专业定位、总体框架、课程体系、运行条件、具体实施等方面,介绍了电气工程及其自动化专业"一主、两合、四能、五化"的 SWH-CDIO-E 人才培养模式构建及其具体实现。

第6章 SWH-CDIO-E工程教育模式实施成效

浙江水利水电学院提出 SWH-CDIO-E 工程教育模式，并进行了近十年的持续实践和不断完善，逐步形成了"领导重视、干部支持、教师认同、学生认知、员工理解"的教学改革与实施氛围，取得了令人满意的人才培养成效。"软硬技能并重培养"的核心理念在国内外进行了广泛交流，获得教育专家、同行和媒体的一致认可。基于本模式实施经验提炼的"应用技术型人才软硬技能并重培养模式的探索与实践"成果，获 2016 年浙江省高等教育教学成果一等奖。

6.1 人才培养成效

浙江水利水电学院自 2010 年开始探索 CDIO 模式的本土化，实践至今已近十个年头。积极从学校的特色文化出发，借鉴吸收 OBE、工程教育认证等先进的教育思想和教育理念，不断地研究—实践—反思—完善，SWH-CDIO-E 工程教育模式已经历了四个阶段，如表 6.1 所示：

回顾近十年的发展历史和实践经验，可以发现：SWH-CDIO-E 工程教育模式，以软硬技能融合的高素质应用型人才为培养目标，遵循九条标准引导制定专业能力大纲、搭建"四大能力"平台、构建"三个体系"、改革课堂教学、完善教学保障，取得了令人满意的人才培养成效。

(1) 提高了毕业生的人才满意度。

通过实施 SWH-CDIO-E 工程教育模式教学改革，人才培养质量得到进一步提高。由于学生的专业知识技能扎实，综合素质高，2013—2017 年毕业生就业率一直保持在较高水平，如图 6.1 和图 6.2 所示。图 6.1 和图 6.2 中，2013—2016 届的数据分别来自于 2013—2016 届《浙江省高校毕业生职业发展状况及人才培养质量调查报告》。

第6章 SWH-CDIO-E 工程教育模式实施成效

表6.1 SWH-CDIO-E 工程教育模式发展历程

时间	发展阶段	新增实施专业	标志性成果	备注
2010年	探索CDIO		查建中辅导报告	
2011年	SWH-CDIO 试点阶段	水利水电建筑工程、发电厂及电力系统	建立职业核心能力测评站,提出SWH-CDIO概念	专科试点
2012年		道路桥梁工程技术、建筑装饰工程技术、模具设计与制造、软件技术	提出"四大能力"平台、"三个体系"	专科试点
2013年	SWH-CDIO 实施阶段	水利水电工程、电气工程及其自动化、机械设计制造及其自动化	形成SWH-CDIO工程教育模式顶层设计	本科
2014年		土木工程、新能源科学与工程		本科
2015年		软件工程		本科
2016年		自动化、物联网工程		本科
2017年	SWH-CDIO-E 实施阶段	港口航道与海岸工程、道路桥梁与渡河工程、车辆工程、材料成型及控制工程	SWH-CDIO-E工程教育模式顶层设计	本科
未来		学校设置专业中1/3实施		本科

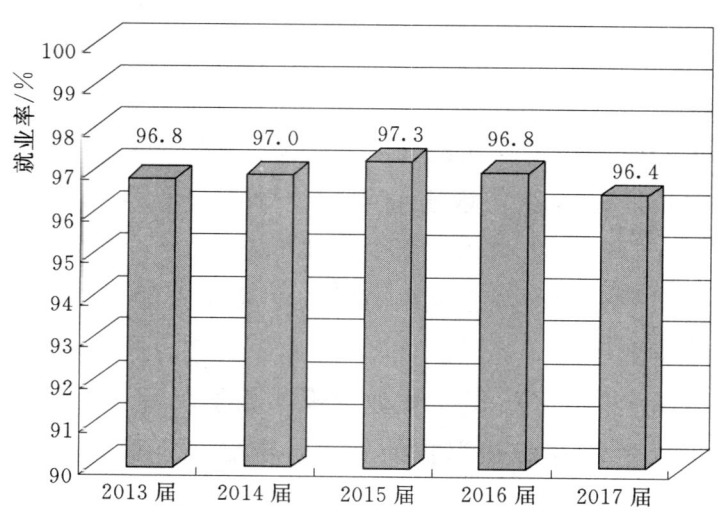

图6.1 2013—2017届毕业生就业率

6.1 人才培养成效

6/55		2016 届
	2/55	2015 届
	3/55	2014 届
5/55		2013 届

图 6.2　2013—2016 届毕业生就业率在全省高校排名

2013—2017 年浙江省教育评估院组织的用人单位及毕业生满意度调查显示，浙江水利水电学院培养的毕业生受到用人单位的普遍认可（图 6.3），特别在敬业精神、团队协作、业务素质、实践基本技能等方面获得高度评价。图 6.3 中数据来自于 2015—2017 届《浙江水利水电学院毕业生就业质量报告》。

毕业生对母校的人才培养水平也给予了充分的肯定，绝大部分学生认为在校期间获得的专业知识、实践能力、人际关系能力、继续学习能力、独立工作能力、创新能力等各方面的能力能满足现岗位工作需要，如图 6.4～图 6.6 所示。图 6.4～图 6.6 中数据分别来自于 2013—2016 届《浙江省高校毕业生职业发展状况及人才培养质量调查报告》。

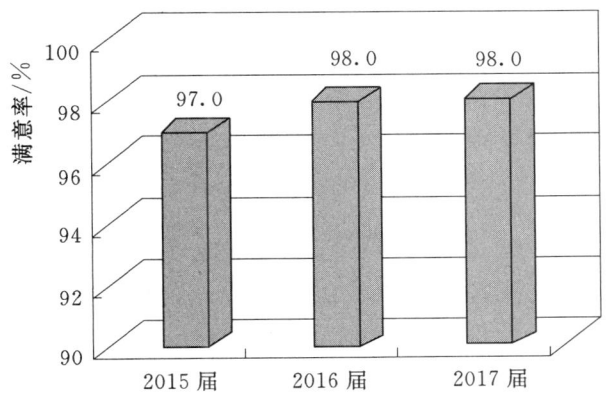

图 6.3　2015—2017 届毕业生用人单位满意率

23/35		2016 届
	14/35	2015 届
20/35		2014 届
	17/35	2013 届

图 6.4　毕业生职业发展与人才培养
质量在全省本科高校排名

第6章　SWH-CDIO-E工程教育模式实施成效

7/35		2016届
	4/35	2015届
5/35		2014届
	3/35	2013届

图6.5　学生认为在校发展机会和锻炼平台在全省本科高校排名

9/35		2016届
	6/35	2015届
	3/35	2014届
	2/35	2013届

图6.6　学生对专业课程课堂教学满意度在全省本科高校排名

（2）提高了大学生的创新能力和可持续就业竞争力。

SWH-CDIO-E工程教育模式改革至今，先后有6个专科专业、12个本科专业进行了实施，受益学生近1000人/年。模式的实施，大大提升了学生的创新能力和可持续就业竞争力。

2013—2016年实施专业学生获得省级及以上各种学科技能竞赛奖86项；国家大学生创新创业训练项目17项；学生主持和参与的发明专利25项、参与企业制定工法7项；2013年、2014年、2015年学生参加了全国职业核心能力水平认证（CVCC项目），获得中高级能力证书比例分别为：76.8%、85.6%、84.7%，在全国参与认证的近200所高校中处于领先水平。

（3）提升了教师教育教学水平与研究能力。

在推进改革的过程中，广大教师围绕SWH-CDIO-E工程教育模式展开了积极的教学研究与实践。2013—2016年承担了相关的省级教改课题22项，发表有关教学改革论文46篇，出版专著3部；教师发明专利（新型实用）42项，软件著作权16项；建设3个省新兴特色专业群，1个省实验教学示范中心，5门国家精品资源共享课，2门浙江省精品在线开放课程，出版"十二五"规划教材12本。"大学生职业发展与就业指导"被教育部评为全国高校示范课程。截至2017年12月，216位教师参加了课程改革培训并获得"职业核心能力（CVCC）教师资格"，建设合格的项目制课程89门、"知识+技能+

态度"三位一体考核课程达 234 门。

6.2 实施辐射与影响力

（1）引起了多家媒体的关注报道。

自 2010 年至今，SWH-CDIO-E 工程教育模式在浙江水利水电学院得到坚持不懈地改革实践和持续完善，成效引起了《中国教育报》《浙江教育报》《浙江日报》、人民网、中国教育在线和主流网络媒体"浙江高校行"以及校报校园网等媒体关注报道 100 余篇。成果被评为 2013 年"校园十大新闻"。

《中国教育报》（2012.12.03）以"职业核心软能力培养全程式融渗第一课堂"为题做了长篇报道，如图 6.7 所示。

图 6.7 《中国教育报》（2012.12.03）刊发长篇报道

《浙江日报》（2016.12.05）以"浙江水利水电学院软硬技能并重，打造'上手快、后劲足'工程师"为题做了长篇报道，如图 6.8 所示：

《中国教育报》（2017.12.14）刊文"聚焦特色 深化应用 特色育人"中指出："浙江水利水电学院在培养学生专业硬技能的同时，注重'水利精神'为核心的软技能培养，使得培养的学生软硬技能兼备，既学会做事，又懂得做人。"如图 6.9 所示。

第 6 章 SWH-CDIO-E 工程教育模式实施成效

图 6.8　《浙江日报》(2016.12.05) 刊发长篇报道

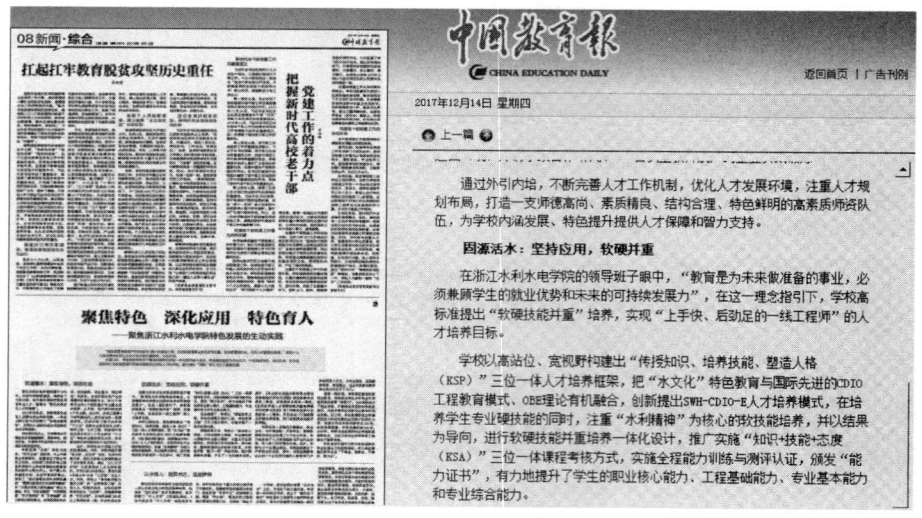

图 6.9　《中国教育报》(2017.12.14) 刊发长篇报道

(2) 产生了广泛的示范辐射作用。

基于 SWH-CDIO-E 工程教育模式的先进理念及实施经验,项目负责人当选为全国 CVCC 项目专家委员会主任,由周远清部长颁发聘书;项目负责人当选全国高校毕业生就业协会核心能力分会创会会长,教育部高校毕业生就业协会副理事长王炽昌秘书长颁发聘书;CVCC 项目团队编写了《团队合作教程》《职业素养教程》等 9 本全国认证培训系列教材,由人民出版社出版，年使用量达 10 万册以上，总使用量突破 100 万册，年获益学生达 10 万人以上。学校 2014—2017 年连续四年被评为"全国职业核心能力开发优秀单位"，5 位老师被评为优秀教师；项目负责人被评为 CVCC 项目优秀校长 2 次，受邀在连续七届全国职业核心研讨会上作专家报告，在全国职业核心能力培训班、浙江省委高校工委、浙江省人社厅、浙江大学继续教育学院、海南省人社厅、江苏盐城教育局等举办的培训班作成果讲座 30 多场，近 200 所本专科（高职）院校、5000 多名教师参与了学习交流。相关内容如图 6.10～图 6.14 所示。

图 6.10　教育部原副部长、中国高等教育学会名誉会长
周远清应邀到校指导教学改革

图 6.11　国家教育咨询委员会委员、中国就业促进会副会长陈宇教授
为学校基于核心能力的课程改革培训作专题指导

图 6.12　学校专业教师与加拿大亚岗昆学院交流
SWH-CDIO-E 工程教育模式

图 6.13　专业教师与新西兰 NMIT 交流
SWH-CDIO-E 工程教育模式

图 6.14　徐金寿副校长与美国州长州立大学代表团交流留念

此外，SWH-CDIO-E工程教育模式实践经验在新西兰尼尔森马尔伯勒理工学院、加拿大亚岗昆学院交流，引起了外方同行的浓厚兴趣；成果还得到了美国州长州立大学、台湾圣约翰科技大学等十几所国内外来访高校同行的赞赏。

本 章 小 结

本章主要对浙江水利水电学院实施SWH-CDIO-E工程教育模式取得的成效进行总结，包括：提高了毕业生的人才满意度；提升了教师教育教学水平与研究能力；得到了教育部领导与同行专家的好评；产生了广泛的示范辐射作用。

附录Ⅰ 项目制课程教学大纲模板

《××××》课程教学大纲

英文名称：
课程编码：
课程学分：　　　　　　　　总学时：
面向专业：
先修课程：

1. 前言
   1.1 课程性质
   1.2 设计思路
2. 课程目标
   2.1 知识目标
   2.2 能力目标
      2.2.1 硬技能目标
      2.2.2 软技能目标
3. 课程学时分配

教学项目	子项目	典型任务	参考学时
合　计			

4. 教学内容与要求

任务名称	知识要点 (♯表示重点, ※表示难点)	软技能 目标	硬技能 目标	教学方法	教具及 工具	地　点	成果要求

5. 考核评价标准

评 价 内 容	评 价 要 点	权　重
知识	a. b. c.	
硬技能	a. b. c.	
软技能	a. b. c.	

6. 课程实施建议

6.1 教材选用

推荐教材：

辅助教材：

6.2 教学条件

6.3 资源利用

附录Ⅱ 课程案例：电子技术

Ⅱ.1 课程介绍

电子技术课程（包括模拟电子技术、数字电子技术）是电气工程及其自动化专业的专业基础课程，该课程团队在CDIO课程改革实践的基础上，完成了省级精品在线开放课程、校项目制课程、校核心示范课程、省教改课程等建设项目。

课程特色：按项目制组织课程教学内容，采用教学做一体的授课方式，通过"知识＋技能＋态度"的全过程考核方式评价学生的学习情况；近年来，利用在线开放技术，将线上线下的混合式课程教学融入CDIO教学中。

Ⅱ.2 课程改革主要实践

主要面向电气工程及其自动化、新能源科学与工程、自动化等本科专业进行CDIO教学改革实施。围绕CDIO大纲要求以及CDIO的标准，开展教学内容、教学方法、课程考核方法等一体化设计与实践，结合精品在线开放课程平台，开展了线上线下的混合式教学，并持续进行实施完善。

Ⅱ.2.1 构建CDIO课程标准

本课程编制有项目制形式的教学大纲，将课程内容以项目的形式进行整合，教学过程以典型电子小产品（项目）为载体，融入实际生产过程中的成本意识、服务意识等，体现了产品从研发到投入市场直至衰退的全生命周期；贯彻CDIO工程教育理念，提高了学生的行业意识，有利于工程教学的开展与学习效率的提升。电子技术教学模块（项目与子项目）见表Ⅱ.1。

表Ⅱ.1　　　　　　　电子技术教学模块（项目及子项目）表

项目	子项目名称
模拟电子技术导论	半导体基础
	二极管
	三极管
直流稳压电源	单相整流电路
	滤波电路
	稳压电路
扩音器	电压放大电路
	功率放大电路
仪用放大器	直流放大电路
	放大器性能的提高
信号发生器	电压比较器
	正弦振荡电路
数字电子技术导论	数制与码
	逻辑函数及其化简
表决器	表决器所用门电路
	表决器的设计与制作（安装调试）
报警器	典型组合逻辑电路
	报警器的设计与制作（安装调试）
抢答器	防抖动电路
	常用触发器的认识与测试
	抢答器的设计与制作（安装调试）
电子钟	计数器的分析与设计
	电子钟的设计与制作
音乐门铃	信号的产生与整形
	音乐门铃的设计与制作（安装调试）
数控电压源	数模转换器和模数转换器
	数控电压源的设计与制作（安装调试）

为了将课程能力与专业的二级能力指标对接，本课程尝试完成能力矩阵设计，采用介绍（I）、讲授（T）和应用（U）表示某个知识或能力在具体教学环节的培养方式，具体可见图Ⅱ.1。

教学项目 (项目实施内容)		软能力					硬能力				备注
		人文精神	态度与习惯	职业道德	交流表达	团队合作能力	电子电路相关的运行及分析能力	电子电路相关的生产及安装能力	电子元器件选择能力	电子电路相关的检修及试验能力	
模拟电子技术导论	半导体基础\二极管\三极管	I	IU	IU	I	IU	TU	TU	TU		讲解、实际操作为主，引导\启发\提问\考勤
	常用仪器设备	I	U	IU	U	U	I	I		IU	课堂讲授\实践现场\示范
项目1：扩音器	电压放大电路	I	IU	IU	U	IU	TU	TU	TU	TU	讲解\构思\安装调试\总结汇报
	功率放大电路	I	IU	IU	U	IU	TU	TU	TU	TU	讲解\构思\安装调试\总结汇报
项目2：仪用放大器	运放及其线性应用	I	IU		U	U	TU	TU	U	TU	讲解\设计\分析计算\安装调试
	高质量实用放大器	I	IU	IU	U	U	TU	TU	T	T	讲解\设计\安装调试\总结汇报
项目3：信号发生器	电压比较器		IU		U	U	TU	TU	U	I	讲解\设计\分析计算\安装调试
	正弦振荡电路	I	IU		U	U	T	T	T	T	讲解\启发\分析设计\安装调试\总结汇报
项目4：直流稳压电源	整流滤波电路	I	IU		U	U		T			讲解\设计\安装调试\总结汇报
	稳压电路	U	U		U	U		TU		TU	讲解\设计\安装调试\总结汇报
数字电子技术导论	数制与码	I	U		U	U	T				讲解为主\练习
	逻辑函数及其化简		U		U	U	U				讲解为主\练习
项目5：表决器	表决器所用门电路		U		U	U	IU	U	U	IU	讲解\引导\启发\测试\总结
	表决器的设计制作		U		U	U	T	U	U	U	讲解\引导\启发\安装调试
项目6：报警器	典型组合逻辑电路		U		U	U	U	U	U	U	讲解\引导\测试\总结
	报警器的设计制作		U		U	U	U	U	U	U	讲解\引导\启发\安装调试\汇报评价
项目7：抢答器	防抖动电路		U		U	U	U	U	U	U	引导\启发\安装调试\总结
	智能抢答器										讲授为主，引导\启发
项目8：电子钟	计数器的分析设计		U		U	U	U				讲解\引导\启发\提问
	电子钟的设计制作										引导启发\设计\安装调试\汇报评价
项目9：音乐门铃	信号的产生与整形		U		U	U	U				讲授为主，引导\启发\查资料
	门铃的设计制作	I	U		U	U	U		IU		讲解\引导\启发\安装测试\汇报评价
项目10：数控电压源	A/D和D/A	I	U		U	U	U				讲解\启发\安装调试\分析总结
	数控电压源		U		U	U	U		IU	U	讲解\启发\安装调试\汇报评价

图Ⅱ.1 电子技术课程能力矩阵截图

Ⅱ.2.2 课程教学组织实施

电子技术是实践性很强的课程，教学实施也与普通纯理论课不同。本课程把每班分成若干学习小组，每组按电子设计竞赛一致的人员要求分组；为了更好地体现产品意识、市场意识及CDIO理念，提高学生的学习自觉性，开展了线上线下的混合式课堂教学。因此，课堂组织的方式也较多，一般包括以下几种方式：

（1）普通讲解课堂的组织实施——问题学习。

过程：提前布置相关内容的预习任务；开始上课后快速浏览前面已学内容，并提出与本次课堂有关联的问题，引出课堂提问环节。提问紧扣预习内容，每组准备1～2个小问题，随机进行提问，并做出点评和记录。讲解时根据提问表现，进行详略处理，提高课堂效率，并就提问中发现的理解错误或不妥之处，进行具体点评。

说明：学生预习可以利用在线开放课程平台，也可以利用教材，或通过其他网络资源等；准备的问题一般具有启发性，或是内容的重点、难点，主要目的是检查预习态度，并为相关内容的详略处理提供科学依据。

效果：知识点的讲解不再枯燥，满足了学生答疑解惑的要求；教材上也有了相应的圈点及一定的笔记，变被动灌输为主动汲取，并能培养学生的创新意识；为C（构思）、D（设计）阶段的主要课堂形式。

（2）课内实验的组织实施——问题探究。

过程：首先通过相关内容的总结，提出质疑，引出实验目的，再提出实验方法的设计要求，引入研究性内容。按要求完成全部安装调试后，要求每组人员都能提供波形、数据及实验现象的记录，并查看实际电路的工作情况，及时对所提供记录进行简要点评，并做好此次实操记录。

效果：每一组学生都能动手进行安装调试，避免部分同学整组逃避实际操作，或漏做部分内容等情况发生；每一次做记录，也有利于避免实验中的粗大误差，使每一个波形、每一个数据都具有实际的价值；为D（设计）、I（实现）阶段的主要课堂形式。图Ⅱ.2中同学们在认真做实验。

图Ⅱ.2　同学们在认真做实验

（3）项目设计环节的组织实施——模块构建与实现。

过程：项目设计环节涉及的内容较多，有已学知识点的应用，也有实际应用时遇到的具体工程问题，因此，这一环节往往也成了整个项目学习的点睛之笔。先把整个项目进行模块化处理，再一一设计相应的单元电路，然后按信号走向构成完整的电路，最后分析电路的工作原理及实际应用时有可能出现的问题、解决的办法等。实施过程可以根据实际教学时学生的接受情况（集体互动效果）进行提问，以进一步明确相关内容。

效果：是学习情况的一次集体检验，也是实际应用的一次真实模拟；既是综合能力的集中表现，也是项目涉及内容的及时总结。避免了灌输式教学的弊端，明确了学习的目的，提高了学习兴趣；为 D（设计）、I（实现）阶段的主要课堂形式。

（4）操作考的组织实施。

过程：预先根据大纲要求准备 5～6 套（模拟部分＋数字部分一共 10～12 套）试卷，包括电路图及 2～3 个相关问题和考核要求等。课堂教学完成后开放实验室并给予一定的练习时间（图Ⅱ.3），然后集中时间分批考核。每人进实验室后从 5～6 套试卷中随机抽取一套到指定实验台，在规定时间内独立完成，见图Ⅱ.4。

图Ⅱ.3　同学们操作考前主动、认真的练习

图Ⅱ.4　同学们在操作考

说明：利用参数、表达式或指标不同，基本上能做到每个同学的试卷都是不一样的，达到真正的一人一卷，避免了操作考期间前后同学对答案而出现的不公正问题，见图Ⅱ.4。

效果：平时实验时，大家会抢着动手，避免了两人一组只有一人操作，另一人只记录数据或波形的情况发生；大家的动手能力得到了很大的提高，同时也提高了学生学习电子技术课程的兴趣。

（5）教学做一体化课堂的组织实施。

过程：课程教学全在电子技术实验室内完成，为教学做一体的教学方式提供了强有力的硬件支撑：讲到某个元件的外形时，可以直接拿起元件板（由课程组自行设计）进行实物观察；讲到元件性能时，可以用万用表等仪器仪表直接进行简单测试；或者通过所建的实验台网络把示波器等显示情况直接投影到屏幕上，进行现场演示，见图Ⅱ.5。

效果：课堂形式多样，或坐，或站，或听，或讲，或动手，既活跃了课堂气氛，避免了满堂灌，提高了学生的学习效率，也容易引起学生的学习兴趣；为 D（设计）阶段的主要课堂形式。

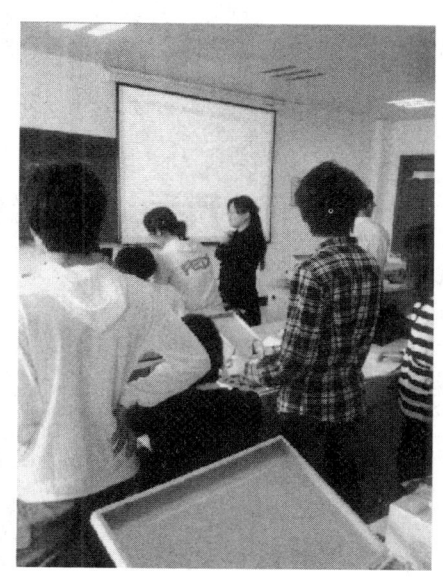

图Ⅱ.5 教学做一体的教学场景

（6）项目 PPT 汇报评价的组织实施——综合实力的展示。

过程：在课程教学进行过半时，布置项目 PPT 的制作任务；在课程结束前再集中以小组为单位提炼完善汇报用项目，并经项目 PPT 文档评价，每班选出较优的 2～5 组进行集中汇报评价。先由小组汇报项目的构思、设计、工作原理等，再由全班同学、老师向汇报人员进行提问，小组集体答辩。记录答辩的问题及评价讨论。相关内容见图Ⅱ.6～图Ⅱ.9。

效果：因为每一个项目都会涉及较多的知识点与实际应用技术，因此，项目资料的准备、PPT 文档的制作过程，就是一个很好的课程复习过程，它能有效地促进同学们的复习进程；从准备到汇报评价，是体现 CDIO 理念的最佳表现形式。

附录Ⅱ　课程案例：电子技术

图Ⅱ.6　同学们在进行项目PPT汇报

图Ⅱ.7　同学们在项目汇报环节上互评

图Ⅱ.8　高年级同学在汇报演示

Ⅱ.2.3 课程考核

强调态度，以"知识＋技能＋态度"全过程综合考核学生该门课程的学习水平，见图Ⅱ.9。态度从作业、实验过程及报告、汇报用PPT文档、课堂提问中体现；集体观念、团队合作精神，从学习小组在课堂提问、项目PPT汇报评价中体现；团队、个人、知识、技能、态度等都包含在课程的总评成绩之中，综合考核了学生在课程学习中的各项水平与能力。

数字电子技术(2017.09)学生成绩——电自15-1,15-2

S=S1*0.15+S2*0.3+S3*0.1+S4*0.1+S5*0.05+S5*0.15+S7*0.1+S8*0.05

姓名	视频	作业	笔记	讨论帖	总分	平台总评 S1	期末 S2	平时作业 S3	实验 S4	自主学习 S5	期中 S6	操作考 S7	项目汇报 S8	总评 S
李佳宁	40.00	8.88	5.00	0.00	61.88	80.86	59	90	79	100	67	98	90	76
胡玥	40.00	10.85	5.00	0.00	64.90	84.80	51	90	78	100	57	93	90	72
郝家旋	40.00	10.56	5.00	5.00	75.24	98.31	47	82	82	100	24	97	80	68
吕程辉	40.00	11.89	4.50	5.00	71.73	93.73	11	85	83	95	30	98	85	57
徐帅军	40.00	10.42	5.00	5.00	74.60	97.48	19	88	75	90	8	85	88	55
汪双雷	40.00	11.31	5.00	5.00	75.81	99.06	94	93	92	100	97	100	88	96
董鹏华	40.00	11.42	5.00	5.00	76.29	99.69	26	88	86	100	31	95	90	64
胡一波	40.00	11.21	5.00	5.00	76.02	99.33	11	88	87	95	25	98	88	58
陶诚磊	40.00	10.02	5.00	5.00	74.39	97.20	61	90	79	100	54	100	85	77
季义格	40.00	10.60	5.00	5.00	73.52	96.07	5	88	77	95	23	95	85	54
魏鹏飞	40.00	10.92	1.00	5.00	70.97	92.73	18	93	78	100	29	93	90	60
林启新	40.00	10.49	5.00	5.00	74.67	97.57	66	90	77	95	47	98	98	78
孙俊杰	40.00	10.92	5.00	5.00	75.42	98.55	68	90	76	100	58	90	90	79
褚静	40.00	10.35	3.00	5.00	67.15	87.74	71	87	79	100	60	98	85	79
舒剑锋	40.00	10.78	1.00	5.00	65.96	86.19	14	90	80	100	49	98	85	61
谢尚学	40.00	5.44	0.00	0.00	53.38	69.75	10	87	77	95	16	100	80	51
都佳丹	40.00	10.42	5.00	5.00	73.53	96.08	71	90	77	100	80	97	90	84
周涛	40.00	5.08	5.00	5.00	66.55	86.96	36	77	76	100	31	95	80	62
吴智笠	40.00	5.84	5.00	5.00	67.18	87.78	68	90	79	95	44	95	88	76
卓宇泽	40.00	6.66	5.00	5.00	69.33	90.59	60	80	75	100	52	93	90	74
葛伟康	40.00	5.58	5.00	5.00	66.48	86.87	55	90	72	100	53	100	88	73
王卫森	40.00	10.63	5.00	5.00	74.12	96.85	78	88	87	100	57	98	88	83
朱琦超	40.00	7.55	0.00	5.00	65.41	85.47	11	89	66	90	25	98	85	52
王宇浩	40.00	11.21	5.00	5.00	72.18	94.32	81	91	82	100	63	100	85	84
陶俞波	40.00	10.02	5.00	5.00	74.07	96.79	84	90	76	100	84	98	88	89
谢伟东	40.00	10.60	5.00	5.00	74.53	97.39	72	90	77	100	44	93	88	78
周雨	40.00	9.81	5.00	0.00	67.73	88.50	70	92	76	100	49	90	90	77
艾楚强	40.00	7.45	5.00	5.00	72.20	94.34	17	88	75	100	37	90	88	60
朱润亮	40.00	9.31	4.50	5.00	68.96	90.11	81	82	80	100	69	98	90	84

图Ⅱ.9　三位一体的课程考核示例截图

Ⅱ.3 后续思考

　　以项目为载体的电子技术课程 CDIO 教学模式将在实际教学中不断探索与完善；利用先进的教学理念及手段，进一步改革课程教学，不断提高课程的教学质量，也是课程团队一直努力的方向。在完善教学资源的同时，如何进一步提高翻转课堂的比例以进一步提高学习的主动性，如何利用微课不断加强学习的灵活性等，都是课程组成员要努力的方向。

附录Ⅲ 课程案例：电机学

Ⅲ.1 课程介绍

电机学是电气工程及其自动化专业的专业基础课程，该课程团队在 CDIO 课程改革实践的基础上，完成了校项目制课程、校核心示范课程、校核心素养课程等建设项目。

课程特色：长期坚持将 CDIO 理念融入课程教学改革，按项目制组织课程教学内容，实施时采用实做项目嵌入式的授课方式。

Ⅲ.2 课程改革主要实践

主要面向电气工程及其自动化、新能源科学与工程等本科专业进行 CDIO 教学改革实施。围绕 CDIO 大纲要求以及 CDIO 的标准，开展教学内容、教学方法、学习评估方法等一体化设计和实践，并持续进行实施完善。

Ⅲ.2.1 构建 CDIO 课程标准

CDIO 课程标准包括《电机学课程教学大纲》（CDIO 项目形式）、《电机学课程 CDIO 能力矩阵》《融入电机学课程的能力培养考核标准》（电机应用能力培养考核标准）等。

本课程编制有项目制形式的教学大纲，实现"教学内容模块项目化"，是 CDIO 课改的普遍做法之一；将课程内容以项目的形式进行组构，是 CDIO 工程教育理念在形式上的直观体现，将有助于工程学习意识的开展。见表Ⅲ.1。

为了将课程能力与专业的二级能力指标对接，本课程尝试完成能力矩阵设计，采用介绍（I）、讲授（T）和应用（U）表示某个知识或能力在具体教学环节的培养方式。具体见图Ⅲ.1和图Ⅲ.2。

附录Ⅲ 课程案例：电机学

表Ⅲ.1　　　　　电机学教学模块（项目及子项目）表

项　目	子项目名称
电机技术基础	电机技术基础
变压器基础	变压器认识与生产
	变压器的试验分析
	变压器选配与运行
电动机技术	交流电机基础与异步电动机的认识
	异步电动机的运行与选配
发电机技术	同步发电机认识及基本工作原理
	发电机运行与调节

电机技术课程SWH-CDIO-E能力矩阵表

教学项目	（项目实施内容）	软能力					硬能力				备注
		人文精神	态度与习惯	职业道德	交流表达	团队合作能力	电机相关的运行及分析能力	电机相关的生产及安装能力	电机相关的选配能力	电机相关的检修及试验能力	
电机技术基础	电机概念\理论基础\材料基础	IU	I	I			T		T		课堂讲授为主，引导\启发\提问\考勤
	工程项目1:电机技术初步认识		U		U	U	U				实践现场\团队合作\PPT汇报
变压器认识与生产	变压器结构和类别\铭牌与额定值		U		U		T	T	T		课堂讲授为主\现场参观
	工程项目2: 小型变压器（设计和制作部分）	U	U	U	U	U		TU		TU	实践现场\团队合作\PPT汇报.该内容可分班实施,部分内容在集中实训环节另行安排完成
变压器的试验分析	工程项目2:小型变压器（测试部分）										
	变压器的基本原理\参数测定及试验、标幺值\运行特性		U		U		T	T	T		课堂讲授为主，引导\启发\提问\考勤
变压器选配与运行	三相电力变压器的特点\连接组\变压器的并联运行与选配		U		U		T	T	T	I	课堂讲授为主，引导\启发\提问\考勤
交流电机基础与异步电机的认识	交流电机基本知识		U		U		T				课堂讲授为主，引导\启发\提问\考勤
	工程项目3: 电动机项目	U	U	U	U	U		TU		TU	实践现场\团队合作\PPT汇报.该内容可分班实施,部分内容在集中实训环节另行安排完成
异步电动机的运行与选配	电动机原理、功率、TS曲线、起动、调速		U		U						课堂讲授为主，引导\启发\提问\考勤
同步发电机认识及基本工作原理			U		U			I	I	I	课堂讲授为主，引导\启发\提问\考勤
发电机运行与调节			U		U		T			T	

图Ⅲ.1　电机学课程能力矩阵设计截图

Ⅲ.2.2　课程组织实施

为具体落实 CDIO 教学，明确课程教学实施关键，本课程做了一定尝试，如：实做项目嵌入、实践项目接入、团队教学、项目过程工程化、状态评价过程化等，具体介绍如下。

> **三、电机学课程及其实习（电机应用能力）培养考核标准**
>
> **一、考核对象**
>
> 电气工程及其自动化专业学生。
>
> **二、考核方式**
>
> 考核分理论和实践两部分，理论考核由《电机学》课程考核中的笔试部分承担，课程合格即视为理论合格；实践考核由《电机学》课程考核中的CDIO项目和《电机技术实习》共同承担（根据课程大纲，课程中的CDIO项目与实习中项目是有延续一体性的，且紧密相关，项目考核合格方为实践部分合格。
>
> 考核成绩分值比例可详见相关教学大纲。
>
> **三、考核时间**
>
> 理论考核在第4学期进行，实践考核在第4学期及之后的短学期进行。（即《电机学》课程和《电机技术实习》的安排时间）
>
> **四、考核内容**
>
> 考核内容由相关课程和实习的考核内容组成，具体见下面说明。本考核内容包含了维修电工国家职业技能标准的内容，要求条目均在以下内容中特别注明，**本考核要求达到高级技师以下的与电机技术相关的所有考核标准**，可将本考核内容与国家职业技能标准对照。国家职业技能标准相关条目见附。
>
> **4.1 电机学课程部分考核测评内容（部分融入实习，交叉完成）**
>
> **1、电机技术基础项目**

图Ⅲ.2 《融入电机学课程的能力培养考核标准》截图

（1）课程教学实施的做法之一。

本课程的内容项目模块化，也一定需要有具体实施项目的落地实施。但由于课程性质以原理分析为主，同时实施条件有限，目前采取了"实做项目嵌入、实践项目接入"的具体实践形式，并实现了"课堂与实习交融、课内向课外拓展"的做法。具体如表Ⅲ.2、表Ⅲ.3所示。

（2）课程教学实施的做法之二。

课程实施采用"团队教学"，多位教师有效配合实施教学，表Ⅲ.4为其中一轮课程教学中，团队成员各自承担的任务列表。项目有单班需要时，一位教师负责一个班的课堂教学、一位教师负责实验室项目指导，同时进行，再交换补课，以保证不影响进度。

表Ⅲ.2　　　　　　　　　电机学实验项目及 CDIO 任务表

序号	实验项目与 CDIO 任务	计划学时	实施方式	每组人数	成果	备注
1	实验一：单相变压器特性试验	3（课内）	集中实验	2～3	实验报告	以团队项目组形式完成，个人报告
2	实验二：三相异步电动机测定与运行	2（课内）		2～3	实验报告	
3	实验三：三相同步发电机的并网运行	3（课内）		2～3	实验报告	
4	CDIO 任务一：电机及变压器认识	1（课内）+1=2	课内集中指导，课外分组实施，开放实验室	3～4	报告+团队汇报；所有任务实施过程记录汇成一本报告，汇报综合为一次	以团队项目组形式完成，小组报告与汇报
5	CDIO 任务二：异步电动机的认识与拆装	2（课内）+2=4		3～4		
6	CDIO 任务三：电机绕组及下线	2（课内）+6=8		3～4		

表Ⅲ.3　　　　　　　电机学课内任务与集中实践教学任务对接一览表

项目名称（模块）	课内 CDIO 任务	集中实践环节
电机技术基础变压器技术	CDIO 任务一（课内 1 学时、课外 1 学时）：了解电力变压器结构	实践项目一（9 天、实验室开放）：制作一台小型变压器，通电测试
电动机技术	CDIO 任务二（课内 2 学时、课外 2 学时、实验室开放）：异步电动机认识与拆装	实践项目二（9 天、实验室开放）：制作异步电动机内容，包括绕组制作、下线及成品完成、通电检测
	CDIO 任务三（课内 2 学时、课外 6 学时、实验室开放）：利用模拟线圈进行电机绕组及下线训练	
学时小计	课内 5+课外 9+？（课外开放时间）	2 周
	5+9+2 周+？（课内+课外+配套实习+开放自由时间）	

表Ⅲ.4　　　　　　　　　电机学团队教学一览表

成员	讲授	任务1	任务2	任务3	汇报	评价
教师1	绝大部分		基础介绍	基础介绍	评审	总负责
教师2	部分	布置介绍				参与
教师3	项目相关	现场指导	全程指导	全程指导	组织	项目
教师4			实习指导	实习指导	评审	参与

(3) 课程教学实施做法之三。

在实操任务的实施中强调"项目过程工程化"。具体有两方面的探索,一是设计了"工艺化全程记录的工作页",学生对相关项目的报告材料就是完成学生工作页,主要特点为工艺风格,全程记录;自己总结,图文并茂;团队完成,分工明确。具体可见图Ⅲ.3~图Ⅲ.6,此方法能够很好地训练学生的合作能力、总结表达能力,并培养学生在工程生产中的过程性管理意识。二是实现"全真工厂化体验",就是项目任务是完全真实的生产任务,实施环境贴近工厂环境,实施过程按生产标准进行,达成"真环境+真项目+真做=真感受!"的目标,可有效地提升学生团结合作、吃苦耐劳、认真求实的工作能力。

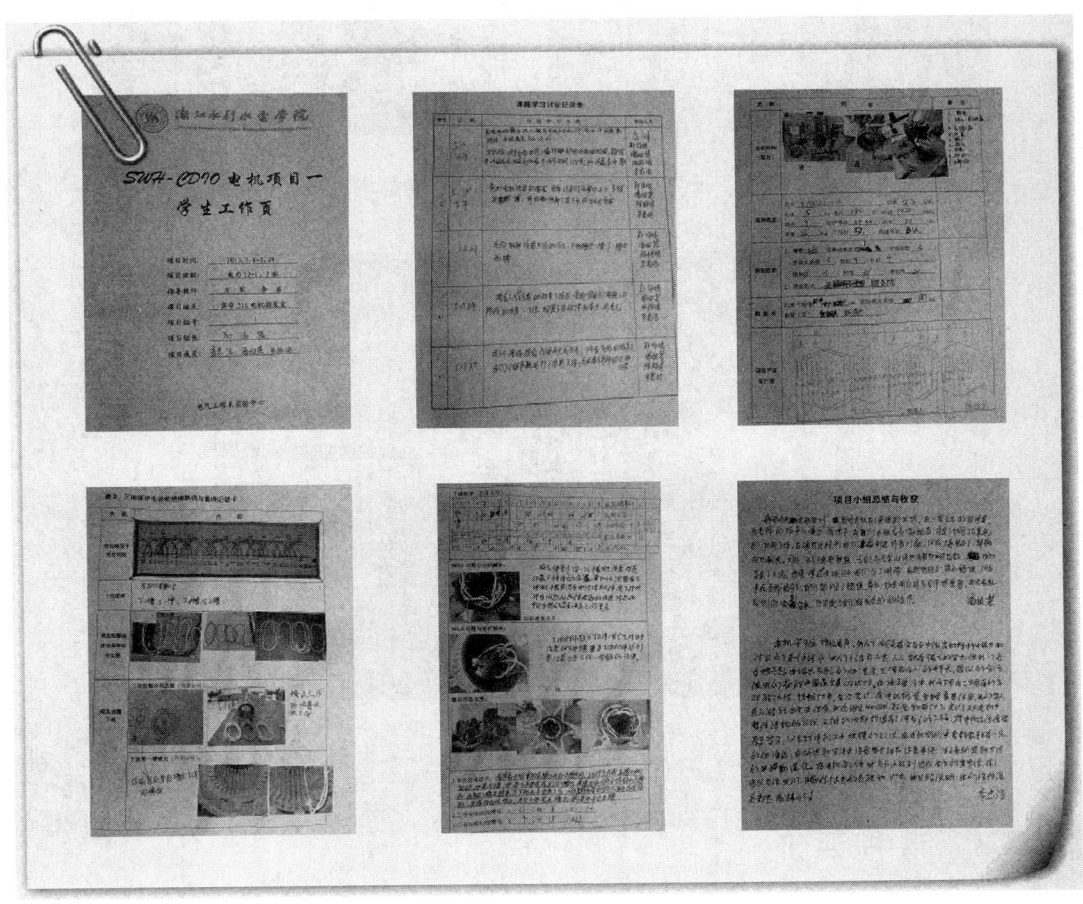

图Ⅲ.3 电机学课程学生工作页截图

图Ⅲ.4 电机学课程实施学生 CDIO 任务场景

图Ⅲ.5 电机学 CDIO 项目学生团队汇报场景

Ⅲ.2.3 课程评价

为有效进行课程评价,本课程坚持"状态评价过程化",即细化过程性态度考核,促进学生守时守纪、集体精神、自觉自律等习惯养成。一是平时成

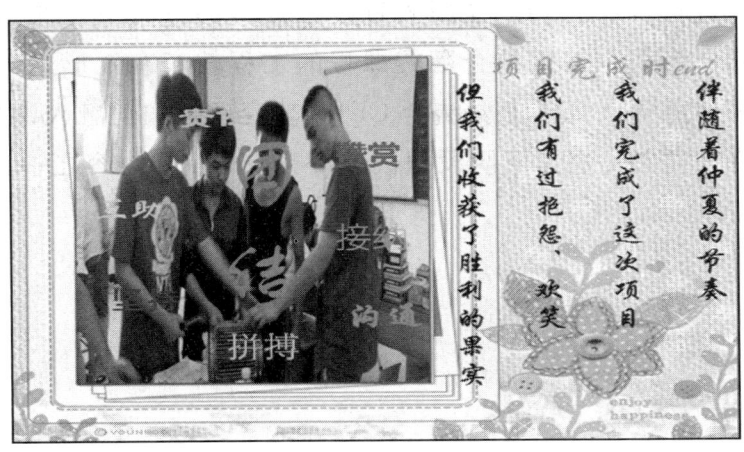

图Ⅲ.6 电机学 CDIO 项目学生 PPT 总结截图

绩强调态度考核，包括了考勤、前后排就坐、课堂互动、作业 4 个方面，并逐年增加评分次数，如上学期每生达 60 多次评分记录。二是实做的考核强调任务中的团队与个人的合成表现，一方面根据团队任务完成情况有团队评分，同时根据工作页和教师记录，有个人评分，还有小组中的互评，见图Ⅲ.7。

电自13-1平时成绩分数（学习态度评价）																													
课程名称：	电机技术					学期：		2013-2014-2		教师姓名：		万军/李益																	
学号	姓名	性别	考勤记分S1=(Y+1)*1.5；Y：出勤3分、迟到和请假2分、无故缺课0分。														课堂表现S2=25+Z；Z：主动回答问题加3-5分；前后排就座前排+1，后排-1。											作业：S3=1-10分	合计（百分）：S=S1+S2+S3
			1	2	3	4	5	6	7	8	9	10	11	12	13	得分小计	0	1	2	3	4	5	6	7	8	9	得分小计	得分	总分
2013b03001	胡锦明	男	2	0	3	3	3	3	3	3	3	3	3	3	3	54			1	1		1			1	1	30	8	92
2013b03002	滕蔚	男	3	3	3	3	3	3	3	3	2	3	3	3	3	58.5			1	1		1	-1		1	1	29	8	96
2013b03003	卢红宇	男	3	3	3	3	3	0	3	3	3	3	2	3	3	54			1			1					27	7	88
2013b03004	周伟杰	男	3	3	3	3	3	3	3	3	3	3	3	3	3	60			1	1		1	1		1	1	31	5	96
2013b03006	张健棒	女	3	3	2	3	3	3	3	3	3	3	0	3	3	54		-1		1		1	1		1	1	29	9	92
2013b03007	汪杭健	男	3	3	3	3	2	3	3	3	3	3	3	3	3	58.5			-1			-1	-1		-1		21	6	86
2013b03008	徐东华	男	3	3	3	3	3	3	3	3	3	3	3	3	3	60	5					1			1	1	33	8	101
2013b03009	方研	男	3	3	3	3	0	3	3	3	3	3	3	3	3	55.5			-1			-1	-1		-1	-1	20	5	81
2013b03010	侯淑敏	女	3	3	3	3	3	3	3	3	3	3	3	3	3	60		-1	1	1		1	1		1	1	30	9	99
2013b03011	吴冬冬	男	3	3	3	3	3	3	3	3	3	3	3	3	3	60			-1			1	-1		-1	-1	22	7	89
2013b03012	严毛伟	男	3	3	3	3	3	3	3	3	3	3	3	3	3	60						1			1	1	28	6	94
2013b03013	俞柯鑫	男	3	3	2	3	3	3	3	3	3	3	0	3	3	54		-1						-1			23	5	82
2013b03014	吴琛艳	女	3	3	3	3	3	3	3	3	3	3	3	3	3	60		-1		1			1	-1			25	9	94
2013b03015	奕仲飞	男	3	3	3	3	3	3	3	3	3	3	3	3	3	60		-1				1	1		1	1	28	7	95
2013b03016	林康	男	3	3	3	3	2	3	3	3	3	3	3	3	3	58.5			-1		-1		-1	-1	-1	-1	19	5	83
2013b03017	林文杰	男	3	3	3	3	3	3	3	3	3	3	3	3	3	60			1	1	1	1	1	1	1	1	33	7	100
2013b03018	吴批	男	3	3	0	3	3	3	3	3	3	3	0	0	3	46.5		-1						-1			23	6	76
2013b03019	叶丽莹	女	3	3	3	3	3	3	3	3	3	3	3	3	3	60		-1	1	1			1	-1			26	9	95

图Ⅲ.7 电机学课程平时成绩记录截图

Ⅲ.3 后续思考

电机学实施的 CDIO 课程改革仍将坚持做下去，上述一些做法将不断完善。以下是几点改进的思考。课堂教学项目如何更好地贯穿课程全程，还需要在课程结构上进行设计完善。在新教育技术发展的背景下，课程如何更好利用在线开放教学形式，探索结合翻转课程的工程教育有效形式，进一步调动学生学习积极性需要认真考虑。结合CDIO教育理念如何融入课程思政元素，提升本课程育人功能，也是下阶段积极进行实践的重要内容之一。

参 考 文 献

[1] 钟登华. 新工科建设的内涵与行动 [J]. 高等工程教育研究，2017（3）：1-6.
[2] 林健. 新工科建设：强势打造"卓越计划"升级版 [J]. 高等工程教育研究，2017（3）：7-14.
[3] 陆国栋. 新工科建设与发展的路径思考 [J]. 高等工程教育研究，2017（3）：20-26.
[4] 国际21世纪教育委员会. 学习：内在的财富 [M]. 北京：中国教育科学出版社，1998.
[5] 徐金寿. 应用型人才软硬技能融合培养的研究与实践 [M]. 北京：中国水利水电出版社，2015.
[6] 徐显明. 文化传承创新：大学第四大功能的确立 [J]. 中国高等教育，2011（10）：10-11.
[7] 蒋明，薛蓉，肖黄梦. 浅谈对大学文化传承的认识 [J]. 领导科学论坛，2013（8）：8-10.
[8] 严峰. 中国大学文化研究 [D]. 上海：复旦大学，2005.
[9] 丁学良. 什么是世界一流大学 [J]. 高等教育研究，2001（3）：4-9.
[10] 宁进. 论大学文化的作用 [N]. 光明日报，2011-08-28（7）.
[11] 顾佩华，陆小华. 重新认识工程教育：国际CDIO培养模式与方法 [M]. 北京：高等教育出版社，2009.
[12] 顾佩华，胡文龙，陆小华，等. 从CDIO在中国到中国的CDIO：发展路径、产生的影响及其原因研究 [J]. 高等工程教育研究，2017（1）：24-43.
[13] 中华大腹翁的博客. 翻转课堂与混合学习 [EB/OL].（2014-10-06）http：//blog.sina.com.cn/s/blog_78afe4360102v24p.html.
[14] 北京大学. 翻转课堂教学法 [DB/OL]. http：//www.icourse163.org/course/pku-21016.
[15] 方柏林. 设计翻转课堂的5个要点 [EB/OL].（2014-12-22）https：//mooc.guokr.com/post/611078/.
[16] 赵哲，宋丹. 高校教学制度建设的问题及消解途径 [J]. 中国高等教育，2016（增刊1）：26-29.
[17] 别敦荣，李家新，韦莉娜. 大学教学文化：概念、模式与创新 [J]. 高等教育研究，2015（1）：49-56.
[18] 周哲海. 谈教学团队建设的必要性及重要性 [J]. 现代职业教育，2016（9）.
[19] 张志亮，刚家林. 基于CDIO的一体化实验实践教学环境的建设 [J]. 实验室科学，2010（6）：142-144.
[20] 百度文库. 共享型教学资源库建设问题 [DB/OL].（2013-05-30）https：//wenku.baidu.com/view/fee0b7720b1c59eef8c7b4da.html.